范世平　著

中國大陸主權財富基金發展
的政治經濟分析

A Political-Economic Analysis on the Development of
China's Sovereign Wealth Funds

自 序

　　2005 年 2 月 1 日，我從銘傳大學的觀光研究所轉往國立金門技術學院任教，最初是在運動管理系，負責有關觀光與休閒相關的課程，甚至還擔任過體育老師。2006 年 8 月奉命籌辦的國際事務系終於成立，2007 年 8 月所籌辦的中國大陸研究所也正式招生。從政大政治系到拿到博士學位，十多年來一直在政治學領域鑽研，前往觀光領域「開疆闢土」，固然有相當的成就感，但還是懷念自己最熟悉的地方。所以從博士論文，到之後的研究與教學，雖然是身在觀光領域，但我都是藉由政治經濟學的理論，來進行觀光政策與產業的探討，也算是廣義的政治學研究。因此，當繞了一大圈後，終於回到自己最熟悉的老本行，是既興奮又有點近鄉情怯，還記得開始講授政治學的第一堂課，我在講台上心理想著，這一天我真的等了很久。

　　隨著所屬科系的轉變，我開始從觀光政策的研究，轉而積極探索新的領域。由於在大陸所開設的「政治經濟學」課程中，使我有機會接觸到「主權財富基金」這個議題，除了把相關的資訊介紹給金門的同學外，自己也開始從事研究。2008 年 8 月來到台師大政治研究所之後，繼續相關之探討。而當越研究之後，才發現此一議題的有趣性，也認為此必將成為未來政治經濟學與國際政治經濟學的重要課題，而對於中國研究來說更具有前瞻性。

　　由於主權財富基金真正受到學術界矚目是在 2000 年以後，所以在國內外，相關著作多為學術期刊，專書較少。國內的學術性出

版更是有限，比較多的是實務性刊物的介紹。因此我的研究初步成果，很幸運的受到列名「TSSCI」期刊的青睞，也讓我對此研究的發展性充滿信心。

本書是從國際政治經濟學的「相互依存」與「經濟激勵」理論出發，首先介紹了主權財富基金的發展與影響；其次，針對本書的核心：「中國大陸的主權財富基金」進行探究，其中特別著重於瞭解其發展優勢與劣勢的分析。此外，眾所周知新加坡主權財富基金的經營績效，不但成為全球發展的典範，更是中國學習的對象；因此本書也針對新加坡的案例進行探討，並比較這兩個亞洲地區最重要主權財富基金的差異。

這本小書，應該是國內第一本探討主權財富基金的學術專書，許多地方未臻成熟，還有很多可以改進的空間，只希望能夠拋磚引玉，提供更多後進研究者的參考，也能讓更多人認識這個新興課題。更重要的是，希望各位學術界的先進能多多給予指正。

感謝台師大政治學研究所提供本人極佳之研究環境，也感謝社會科學學院林東泰院長的體諒與支持，讓我能兼顧研究與行政工作；更要感謝所上陳延輝、黃城、陳文政、曲兆祥、許禛元、王冠雄與蔡昌言等諸位教授的包容與協助，不但讓所務得以順利推動，這本書也才有可能誕生。感謝博士班同學陳慧瑩、單文婷、許博達、黃進德、蔣邦文與高武銘的協助校稿，以及透過課堂討論讓我有更多的啟發，並且達到教學相長的效果。感謝家人對於我的體諒，特別是內人惠君長期的支持。我會更加努力，在所深愛的學術研究領域貢獻一己之力。

范世平 誌於師大誠大樓研究室

2010 年 1 月

目　次

表目次

圖目次

第一章　緒論

　　本章從總體面的角度，分別針對研究動機與目的、文獻回顧與評析、研究方法、研究範圍與限制、研究程序與章節安排等內容，進行探討。

第一節　研究動機與目的

　　以下僅就本研究之相關背景與初衷，以及希望達成之具體成果提出說明：

壹、研究動機

　　二次世界大戰之後，若干東亞新經濟體和中東產油國開始擁有鉅額的外匯存底，其公共基金也不斷增加；為了追求更高的外匯投資效益，上述國家開始設置專門的外匯投資機構或基金，運用其所累積的外匯在國際市場進行投資，這種由政府所設置的特殊基金被稱之為「主權財富基金」（Sovereign Wealth Funds），或是「國家主權基金」。事實上，主權財富基金已經存在多年，直至近年因其資

金規模急遽膨漲而備受矚目。更重要的是，2007 年中國在坐擁世界第一的外匯存底情況下，也成立了第一個主權財富基金，加上從 2008 年開始在全球金融風暴下，中國之主權財富基金成為各國資金短缺下的活水源頭，使得國際間對於中國主權財富基金投予特別之關注。基本上主權財富基金一方面屬於經濟領域的產物，卻又由政府掌控操作而帶有政治意涵，因此本研究從政治與經濟的不同角度來加以探究。

貳、研究目的

本研究希望達到以下之研究目的，以充分展現在學術與實務上的重要性：

一、探討全球主權財富基金的發展過程與影響。

二、分析中國主權財富基金的興起與未來發展。

三、探究新加坡主權財富基金的現況與發展優、劣勢，並與中國主權財富基金進行比較。

四、提供我國發展主權財富基金的參考。

第二節　文獻回顧與評析

以下僅就與本研究相關之文獻與研究成果進行回顧，並且提出個人之評析：

壹、文獻回顧

　　有關對於中國主權財富基金相關之研究，本研究將其分成四大類，分別是：主權財富基金的全面性介紹、主權財富基金與經濟全球化發展、主權財富基金所造成保護主義的問題、中國的主權財富基金發展。基本上，具有主權財富基金的國家本研究將其簡稱為「投資國」，而接受基金投資之國家則稱之為「受資國」。

一、主權財富基金的全面性介紹

　　由於主權財富基金真正受到學術界重視，是在 2000 年以後，因此大部分著作是對於此基金進行概略而全面性的介紹，這包括以下三種分類：

（一）主權財富基金的功能與發展

　　此類研究以台灣與中國的著作為主，多是探討主權財富基金的意義、功能與當前發展，由此可見，此一研究對於兩岸學術界來說，都屬於新興議題。

　　朱美智與忠世靜在「主權財富基金的興起及其影響」一文中，探討了此類基金的意義、類型、成長情況、資產規模與管理模式，其中特別針對新加坡淡馬錫控股有限公司（Temasek Holdings Pte Ltd.，以下簡稱淡馬錫）、新加坡政府投資公司（Government of Singapore Investment Corporation，以下簡稱 GIC）與中國投資有限

責任公司（以下簡稱中投）的規模與管理模式進行探討。其認為主
權財富基金對於母國總體經濟的財政政策、貨幣政策、公共部門之
資產負債、經常帳與金融帳之穩定性均影響深遠。對於國際金融市
場來說，其正面意義在於可以發揮穩定作用、增加全球流動性、促
進新興國家金融市場發展、受資國可提昇生產力水準與刺激良性競
爭等；但在負面方面，則會因投資風險而擴大全球市場的波動性、
可能助長資產泡沫與增加全球槓桿作用，而投資國之政治目的更讓
其他國家擔憂。至於對於主權財富基金風險的因應方式，首先，國
際貨幣基金（International Monetary Fund ,IMF）已制訂出一套自願
遵守的最佳行為準則，經濟合作暨發展組織（Organization for
Economic cooperation and Development, OECD）也研擬出包括：受
資國的行為準則、根據互惠原則限制主權財富基金的營運活動、建
議此一基金透過外部資產經理人進行投資、購買風險分散的指數型
工具等四項規範。[1]

　　黃彥斌所著的「全球主權基金的發展及可能影響之研究」，也
探討主權財富基金的定義、分類、發展原因與現況，以及國際社會
對於此一基金的態度與因應之道，其也提出了 IMF 與 OECD 的具
體作為。主權財富基金對於投資國的經濟來說，可以穩定財政與儲
蓄未來資源、引進專業管理機制以降低閒置資金的機會成本、避免
匯率過度波動以維持國際收支帳的穩定；但另一方面，因資產管理
效率存在風險而會衝擊投資報酬率，也會增加主管機構貨幣政策操
作的複雜性。最後，針對我國成立主權財富基金進行探討，作者認
為成立此類基金除了符合國際規範外，更可藉此修改相關規範，以
吸引外資來台參與重大經濟建設，因此作者贊同我國成立。[2]

---

[1] 朱美智、忠世靜，「主權財富基金的興起及其影響」，**國際金融參考資料**，
　　第 55 輯（2008 年 6 月），頁 1-31。

[2] 黃彥斌「全球主權基金的發展及可能影響之研究」，**經濟研究**，第 9 期（2009

　　李儀坤在「各國主權基金概況」一文中，探討了主權財富基金的意義、淵源、類別與概況，並針對新加坡與中國的此一基金操作模式進行個案分析，並介紹包括阿拉伯聯合大公國、沙烏地阿拉伯、科威特等 26 個國家的主權財富基金概況，以及美國、歐盟與日本對於他國此類基金的監理方式。最後，作者認為我國的巨大外匯存底，會產生利率與匯率的雙重風險，因此應該慎重考慮成立此類基金。[3]

　　林宣君、林詠喬所撰寫的「淺述主權財富基金」一文，針對主權財富基金的定義、背景緣起、分類、運作模式與發展現況進行概略性之介紹。作者認為主權財富基金對全球市場來說，可以改變資金流向與創造更多投資機會，而資產管理業務的需求也會更加活絡；但也會對於全球市場穩定帶來影響，造成多重利益衝突與資訊透明度的質疑。至於美國、英國、法國、義大利、德國、歐盟與俄羅斯等國政府，對於主權財富基金問題的因應方式，包括採取市場開放對等原則、避免某一此類基金被政治力介入、強調對於此類基金的資訊揭露規範。[4]

　　鄭凌雲在「2007 年主權財富基金境外投資概況暨 2008 年展望」一文中，一方面回顧了 2007 年全球主權財富基金的投資情況，他認為投資規模不斷擴大、投資市場呈現競爭合作態勢、自營比例提高但與外部機構關係更為密切、組織結構日益複雜而投資多藉由附屬機構來進行、投資資金多流向歐美與亞洲新興市場、投資金融業的比例上升等發展方向。另一方面，作者認為 2008 年會是「主權

　　年 3 月），頁 297-328。

[3]　李儀坤，「各國主權基金概況」，**台灣經濟金融月刊**，第 44 卷第 7 期（2008年 7 月），頁 45-64。

[4]　林宣君、林詠喬，「淺述主權財富基金」，**證交資料**，第 548 期（2007 年 12月），頁 57-69。

財富基金年」，因此投資會更為活躍，而國際間對於此一基金的標準也會進行討論；至於投資標的將會針對亞洲新興市場，其中特別是中國。此外，作者也認為中國主權財富基金所面臨的風險包括：次貸危機下的全球經濟不穩定、自身資產負債管理風險與政治風險等。[5]

關雪凌與劉西在「全球主權財富基金：現狀、原因與影響」一文中，認為當前主權財富基金的發展，是數量與資產規模均快速膨脹，投資領域廣泛而市場影響力日增；此外，採取專業化、市場化的運作手段與多元化市場策略。作者認為主權財富基金之所以發展如此迅速，首先肇因於其對於投資國的經濟發展具有積極作用，不但能穩定經濟與分散風險，而且可以提高收益；其次，是因為資源性商品價格上漲的推動作用；第三，是國際生產要素轉移與國際分工格局變化的促進作用；最後，是金融全球化的橋樑作用。基本上，主權財富基金對於國際資本市場來說將成為新興主體，並能改變國際資本的流動方向，以及擴大資產管理與投資服務的需求，進而改變全球金融資產的配置。至於主權財富基金對於世界經濟格局的影響，作者認為當前掌有此基金者，多為開發中國家，這象徵未來開發中國家在全球經濟發展中的角色將日益重要，其中特別是所謂的「金磚四國」，即巴西、俄羅斯、印度與中國。[6]

---

[5] 鄭凌雲，「2007 年主權財富基金境外投資概況暨 2008 年展望」，**國際金融研究**（北京），第 6 期（2008 年 6 月），頁 14-19。

[6] 關雪凌、劉西，「全球主權財富基金：現狀、原因與影響」，**中國人民大學學報**（北京），2008 年第 5 期（2008 年 10 月），頁 72-79。

（二）反對限制與管制主權財富基金

　　此類研究是站在自由主義的角度來看待主權財富基金，認為當前若干國際組織或國家對於此類基金的限制，可能引發貿易保護主義的興起，這對於全球經濟發展來說甚為不利。

　　德斯（Dilip K. Das）在「Sovereign-Wealth Funds: Assuaging the Exaggerated Anguish about the New Global Financial Players」一文中指出，主權財富基金的發展攸關三個面向，首先是該基金的發展層次；其次是受資國的經濟水準；第三是國際機構之角色，如 IMF，其需要為主權財富基金的操作制定一套最佳準則。當前，主權財富基金最大爭議是引發了保護主義與民族主義者的反彈，但作者認為，對於此基金的不信任與憂慮恐怕是被誇大的，因為到目前為止，主權財富基金並未造成國際金融市場運作的風險。反而是在 2007 年 8 月美國發生次級房貸危機後，造成銀行業衝擊與信貸緊縮的問題，並增加近 340 億美元的不良貸款，美國金融體系甚至有近 57 兆美元的損失，這使得主權財富基金的重要性被凸顯。基本上，作者認為主權財富基金的發展特點如下：首先，規模非常巨大，是具有充裕現金的資金；第二，基金所有者多數為發展中的經濟體，或者是新興發展國家；第三，過去國家的投資強調低風險，但此類基金的投資卻是朝向高風險資產，如股票和企業債券，如此增加了全球金融市場的流動性；第四，越來越多此類基金在新興經濟體購買著名的企業和商業機構，並在此新興經濟體僱用當地高技術的勞動力；第五，2000 年之後此類基金在全球的投資激增，而多鎖定在銀行與金融機構；第六，絕大多數的此類基金沒有公布運作上的細節，市場對他們也瞭解有限，因此包括美國與日本對此基金都有相關法令予以限制與管理，英國則提出「黃金股份」（golden

shares）的概念，即某些策略性產業的企業，有若干股份是限制外
資收購的。但作者擔心為了保護歐洲企業，「黃金股份」的概念可
能會被濫用。[7]

　　科恩（Steffen Kern）所著的「Sovereign Wealth Funds:State
Investments on the Rise」一文中指出，主權財富基金發展過程中曾
出現兩次高潮，一是 1973 至 1974 年第一次石油危機後，以阿拉伯
聯合大公國阿布達比投資局為代表，許多中東產油國擔心石油資源
耗盡因此成立此類基金；另一則是 20 世紀 90 年代以亞洲新興經濟
體為主，因累積大量的外匯存底盈餘而成立。其投資策略可以分成
兩大類，資產「組合投資」（portfolio investment）是指該基金基於
利潤最大化的需要下，以獲取最大商業利潤為目的，而不是為了控
制所收購的企業；而「策略投資」（strategic investment，中國稱之
為戰略投資）則是指具有明顯國家戰略目的之投資，例如取得重要
的天然資源企業與國際金融機構之部分股權。主權財富基金對國際
金融市場的影響，首先是改變了國際資本流動方向與市場機會，其
次是有助於金融市場的穩定。當前，IMF 和 OECD 正對主權財富
基金制定一套「最佳實施規範」（code of best practices），但 OECD
也指出，對於受資國來說所謂經濟安全應是基於合理理由，而不能
成為保護主義；而透明度和非歧視原則，則可以緩和投資國和受資
國的疑慮，例如英國因奉行自由貿易精神，對主權財富基金採取肯
定態度而不多加限制，僅強調投資行為需顧及「互惠性」，而不採
取短線操作以免造成市場震盪。[8]

---

[7] Dilip K. Das, "Sovereign-Wealth Funds: Assuaging the Exaggerated Anguish about the New Global Financial Players", *Global Economy Journal*, Vol.8, Iss.4 (October 2008), pp.1-15.

[8] 請參考 Steffen Kern, *Sovereign Wealth Funds:State Investments on the Rise*（Frankfurt:Deutsche Bank ,2007）.

　　艾普斯坦（Richard A. Epstein）與羅斯（Amanda M. Rose）所著的「The Regulation of Sovereign Wealth Funds:The Virtues of Going Slow」一文中指出，主權財富基金的投資，不但提振了景氣，也透過資金挹注於次貸風暴中體質不佳的機構與私人公司。過去，此類基金多投資於美國的國庫債券，但近年來則增加了股票投資並採取多樣化之經營模式，甚至聘請著名的私人基金經理人與顧問進行管理。也因為進行高風險與高報酬的股票投資，引發美國高度的重視，認為可能危及其經濟與安全。目前在美國，主權財富基金必須如國內投資般的遵守商事法、反托拉斯法及國家公司法等規範，美國政府也密切觀察其投資的每個環節。許多西方國家也制定出了所謂「最佳慣例」（best practices），以指導此一基金的投資，IMF 亦提出了若干管理規範。但作者認為這樣強制性的規範可能是錯誤的，首先是現行的方法並無法充分解決問題。其次，為了所謂安全而將主權財富基金摒除在美國國內市場之外更是錯誤，因為透過經濟互動而讓外國的此類基金獲利，也會有利於美國的向外投資；而即便美國拒絕，這些基金還是會移往他國，屆時美國不僅喪失與其他國家加強緊密關係的機會，也會降低在國際間的誠信與信賴。第三，美國對於主權財富基金的投資設立障礙，也會引發外國對美國企業在海外投資的報復或貿易制裁。第四，如果這些主權財富基金撤資，他們的母國可能會變換現有的貨幣，這將不利於美元的穩定。第五，事實證明這些主權財富基金過去的投資紀錄，比美國國內之養老、郵政等基金的績效還好。因此作者認為，為了保護美國的資本主義體系，而提出許多預防管理辦法來防止重商主義入侵的說法，似乎是過當的。[9]

---

[9]　Richard A. Epstein and Amanda M. Rose, "The Regulation of Sovereign Wealth Funds: The Virtues of Going Slow", *The University of Chicago Law Review,* Vol.76 (Winter 2009)*, pp.111-134.*

金米特（Robert M. Kimmitt）在「Public Footprints in Private Markets: Sovereign Wealth Funds and the World Economy」一文中則指出，主權財富基金對於受資國的好處多寡，取決於這些投資在經濟目的上的程度，而非政治目的之達成。因此，如果這些投資國的投資是出於經濟而非政治動機，則受資國應有責任，提供投資國公開、透明、可預測與非歧視性之投資架構。[10]

（三）主權財富基金發展應符合公平正義

季南（Patrick J. Keenan）有別於一般學者，僅是站在功利角度來看待主權財富基金的發展，而是從公平正義的方向進行分析。在「Sovereign Wealth Fund and Social Arrears: Should Debts to Citizen be Treated Differently than Debts to Other Cretitors?」一文中他指出，此類基金最大的爭議莫過於其「雙重角色」，一方面屬於私人投資，但另一方面又代表公共利益，並且能影響國內政策；此外，如何管理主權財富基金，目前仍無一致之見解。而讓作者最為不滿的是，部分擁有此一基金的國家，其國內人民尚有發展與社會福利的需求，甚至同時還接受其他國家的金援，但是國家領導人仍將此基金對外進行投資。這些掌有主權財富基金的天然資源豐富國家，並非民主體制，政治人物或領導者必須藉由尋租（rent-seeking）方式保持權力，甚至利用賄賂來獲得權力。例如 2006 年，阿爾及利亞接受外援金額達 2 億美元，但所控制的主權財富基金卻高達 470 億美元；2006 年的奈及利亞，接受近 110 億美元的外國政府援助，

---

[10] Robert M. Kimmitt, "Public Footprints in Private Markets: Sovereign Wealth Funds and the World Economy", *Foreign Affairs*, January/February 2008 (February 2008), pp119-130.

但主權財富基金向外投資金額卻近 170 億美元，利比亞亦然，這似乎是非常矛盾而有違正義的地方。作者提出了所謂「社會債款」（social arrears）的概念，其認為國家若執政不佳或無法提供民眾福利，就等於是對人民產生債款，因此應該比照債務人對債權人一樣的處理模式，利用主權財富基金來償還此一「社會欠款」。所以作者認為主權財富基金的雙重角色應該日益一致，政府應擔負照顧人民的責任，運用此類基金來還財於民，直到債務清償完畢為止，此在必要時甚至必須透過強制的法律機制來規範。[11]

表 1-1　主權財富基金概述性介紹相關著作整理表

	作者、出版時間、研究方法	書名（篇名），出版社（刊名）	重要研究發現
主權財富基金的功能與發展	朱美智與忠世靜 2008 年 文件分析法	主權財富基金的興起及其影響（國際金融參考資料）	1. 主權財富基金對於母國總體經濟的財政政策、貨幣政策、公共部門的資產負債、經常帳與金融帳的穩定性均影響深遠。 2. 主權財富基金對於國際金融市場來說，可發揮穩定作用、增加全球流動性、促進新興國家金融市場發展，而受資國則可提昇生產力水準與刺激良性競爭。

---

[11] Patrick J. Keenan, "Sovereign Wealth Fund and Social Arrears: Should Debts to Citizen be Treated Differently than Debts to Other Cretitors?", *Virginia Journal of International Law*, Vol.49, No.2 (June 2009), pp.432-472.

主權財富基金的功能與發展	黃彥斌 2009 年 文件分析法	全球主權基金的發展及可能影響之研究（經濟研究）	1.主權財富基金對於投資國來說，可以穩定財政與儲蓄的未來資源、引進專業管理機制以降低閒置資金的機會成本、避免匯率過度波動以維持國際收支帳的穩定。 2.對於投資國來說，由於資產管理效率存在風險，因此會衝擊投資報酬率、增加主管機構貨幣政策操作的複雜性。
	李儀坤 2008 年 文件分析法	各國主權基金概況（台灣經濟金融月刊）	1.針對新加坡與中國的主權財富基金操作模式進行個案分析，並介紹 26 個國家的主權財富基金概況。 2.我國的巨大外匯存底，會產生利率與匯率的雙重風險，因此應該慎重考慮成立主權財富基金。
	林宣君、林詠喬 2007 年 文件分析法	淺述主權財富基金（證交資料）	1.主權財富基金對全球市場來說，可改變資金流向與創造更多投資機會，而資產管理業務的需求也會更加活絡；但也會對於全球市場穩定帶來影響，造成多重利益衝突與資訊透明度的質疑。 2.美國等國對於主權財富基金問題的因應方式，包括採取市場開放對等原則、避免某一主權財富基金被政治力介入、強調對於主權財富基金的資訊揭露規範。

主權財富基金的功能與發展	鄭凌雲 2008 年 文件分析法	2007 年主權財富基金境外投資概況暨 2008年展望(國際金融研究)	1.2007 年的主權財富基金投資規模不斷擴大、投資市場呈現競爭合作態勢、自營比例提高但與外部機構關係更為密切、組織結構日益複雜而投資多藉由附屬機構來進行、投資資金多流向歐美與亞洲新興市場、投資金融業的比例上升。 2.2008 年主權財富基金投資會更為活躍。
	關雪凌與劉西 2008 年 文件分析法	全球主權財富基金：現狀、原因與影響（中國人民大學學報）	1.主權財富基金將成為國際資本市場的新興主體,不但能改變國際資本的流動方向,而且可擴大資產管理與投資服務的需求,並能改變全球金融資產配置。 2.當前多為開發中國家掌有主權財富基金,這象徵未來他們在全球經濟發展中的角色將日益重要。
反對限制與管制主權財富基金	Dilip K. Das 2008 年 文件分析法	Sovereign-Wealth Funds: Assuaging the Exaggerated Anguish about the New Global Financial Players（Global Economy Journal）	1.主權財富基金的發展攸關於三個面向,首先是該基金的發展層次,其次是受資國的經濟水準,第三是國際機構之角色。 2.英國提出「黃金股份」的概念,即某些策略性產業的企業,有若干股份限制外資收購,但作者擔心此概念可能會被濫用。

反對限制與管制主權財富基金	Steffen Kern 2007 年 文件分析法	Sovereign Wealth Funds:State Investments on the Rise（Deutsche Bank）	1.主權財富基金的投資策略可以分成資產組合投資與策略投資。 2.主權財富基金對國際金融市場首先是改變了國際資本的流動方向與市場機會，其次是有助於金融市場的穩定。 3.當前 IMF 和 OECD 正對主權財富基金制定一套「最佳實施規範」。
	Richard A. Epstein 與 Amanda M. Rose 2009 年 文件分析法	The Regulation of Sovereign Wealth Funds:The Virtues of Going Slow（The University of Chicago Law Review）	1.為了安全而將主權財富基金摒除在美國市場之外是錯誤，因為透過經濟互動而讓外國的主權財富基金投資獲利，也會有利於美國向外投資。 2.即便美國拒絕他國的主權財富基金，這些基金還是會移往他國，屆時美國不僅喪失與其他國家加強緊密關係的機會，也會降低在國際間的誠信與信賴。 3.美國對於主權財富基金的投資設立障礙，也會引發外國對美國企業在海外投資的報復或貿易制裁。
	Robert M. Kimmitt 2008 年 文件分析法	Public Footprints in Private Markets: Sovereign Wealth Funds and the World Economy（Foreign Affairs）	1.主權財富基金對受資國的好處多寡，取決於這些投資在經濟目的上之程度，而非政治目的。 2.如果這些投資國的投資是出於經濟動機而非政治，則受資國應有責任，提供投資國公開、透明之投資架構。

| 主權財富基金發展應符合公平正義 | Patrick J. Keenan 2009 文件分析法 | Sovereign Wealth Fund and Social Arrears: Should Debts to Citizen be Treated Differently than Debts to Other Cretitors?（Virginia Journal of International Law） | 1.部分擁有主權財富基金的國家，其國內人民尚有發展與社會福利的需求，甚至還接受其他國家的金援，但是國家領導人仍將此類基金對外進行投資。而這些天然資源豐富的主權財富基金國家，並非民主體制，政治人物或領導者必須藉由尋租的方式保持權力，甚至利用賄賂來獲得權力。
2.國家若執政不佳或無法提供福利就等於是對人民產生債款，因此應該利用主權財富基金來償還此一「社會欠款」。 |

資料來源：作者自行整理

二、主權財富基金與經濟全球化的發展

此一研究內容主要是探究在全球化下，主權財富基金與當前國際經濟發展的關聯，因此比前一項的全面性與概述性的探討更為深入，這主要是以主權財富基金對於全球次貸風暴的影響，以及國際組織與此類基金的關聯進行探究。

（一）主權財富基金與次貸風暴

藍蔚迎、余慕薌與洪財隆所著的「東亞金融整合與與主權財富基金」一文，針對東亞地區金融整合與該地區主權財富基金的關係進行分析，作者指出「東協加三」，即東協 10 國加上中國、日本與

韓國間的經濟合作，將使得 2000 年所簽署的「清邁協定」更加具體化與多邊化，如此所謂「亞洲貨幣單位」可能出現，這不但象徵亞洲各國多邊金融合作將更為緊密，所謂「亞元」也可能真的實現，未來全球貨幣將呈現美元、歐元與亞元共存之局面。在此情勢下，東亞國家的主權財富基金將更形重要。而過去以來亞洲的此一基金將大部分資產投入美國國庫券，使得投資報酬率相對偏低，但近年來由於美元走軟，投資標的已分散到更多資產組合，以增進較高報酬。[12]

此外，美國次貸風暴對於主權財富基金的影響，也成為許多學者關注的焦點。陳世憲所著的「次貸風暴延燒，新興國家主權基金趁勢崛起」一文中指出，主權財富基金從 2000 年以後增加快速，其可以分成穩定基金、儲蓄基金、發展基金、退休儲備基金等四類，當 2006 年發生次貸風暴後成為重要的資金「救火隊」。但是作者指出主權財富基金並非都會賺錢，因此政府不一定都要成立此一基金，反而應該以建構產業良好的發展環境為優先。[13]李翔與袁曉雨在〈主權財富基金與次貸危機〉一文中指出，在次貸風暴下，不論是主權財富基金的龐大投資規模，還是其權威性之投資對象，都引起世界關注；而此類基金投資金融機構後，均能使該企業的股價穩定，但卻不一定增加，股票交易量也不一定提高。基本上，主權財富基金對西方國家來說是一把「雙面刃」，既能帶來收益又有風險，其中特別是透明度不夠與政策監督不足的問題。因此若干國家提出了「暫停決策權」，就是當某一企業遭致某主權財富基金大量挹注

---

[12] 藍蔚迎、余慕薌、洪財隆，「東亞金融整合與與主權財富基金」，台灣經濟研究月刊，第 31 卷第 6 期（2008 年 6 月），頁 78-83。
[13] 陳世憲，「次貸風暴延燒，新興國家主權基金趁勢崛起」，台灣經濟研究月刊，第 31 卷第 6 期（2008 年 6 月），頁 53-59。

後，該基金所持股權將無決策權，而當該股權移轉至非國家控制的私人投資者時，則該決策權就會恢復。[14]

（二）國際組織與主權財富基金

　　許多學者探討了主權財富基金對於當前國際經濟體系與國際組織間的關係。艾爾森（Anthony Elson）在「Sovereign Wealth Funds and the International Monetary System」一文中指出主權財富基金對於國際經濟體系來說具有兩大意義：一是象徵經濟實力與財富的重分配，以及新興市場經濟體的快速增長，例如巴西、中國、印度與俄羅斯，不但是主權財富基金的持有者，更對全球經濟影響深遠；二是 IMF 的威信與對於主權財富基金監管之影響力下降。作者介紹了主權財富基金的發展現況，他認為該基金的出發點在於政府憂慮自然資源逐漸枯竭與經濟可能衰退，因此藉由累積的大量外匯存底作為基金來進行投資，以解決未來如人口老化、重大公共建設資金缺口與國庫收入不足等問題。但另一方面，由於所掌有的資金過於龐大與可能之政治意圖，使得受資國產生疑慮，甚至衝擊其政權的穩定，因此主權財富基金的發展有賴於良好的國際投資環境，其中特別是經濟開放；否則若各國採取保護主義，將連帶不利於國際間的投資與經濟發展。作者認為 IMF 在過去以來怠忽了在國際經濟體系中的督導功能，因此未來應積極扮演此一多邊監督角色。然而，當前 IMF 會員國之投票權並不如聯合國般的一律平等，其根據一套自訂的經濟標準，使得主要投票權集中在已開發國家，如今包括金磚四國等新興經濟體均認

---

[14] 李翔、袁曉雨「主權財富基金與次貸危機」，**國家行政學院學報**（北京），2009 年第 2 期（2009 年 2 月），頁 69-72。

為應重新衡量會員國的經濟實力，而制訂新的投票標準。此外，為了增進主權財富基金的透明度，應建立國際間的道德行為規範，以減緩該基金非商業投資與政治操作的疑慮。[15]而包括麥特通（Aaditya Mattoo）與蘇伯馬尼安（Arvind Subramanian）在「Currency Undervaluation and Sovereign Wealth Funds: A New Role for the World Trade Organization」一文中也指出，除了 IMF 和 OECD 外，包括世界貿易組織（World Trade Organization, WTO）也認為持有主權財富基金的國家，其政府角色應該更為透明，而國際間也應建構妥協之機制。[16]

表 1-2　主權財富基金與當前全球經濟發展相關著作整理表

	作者、出版時間、研究方法	書名（篇名），出版社（刊名）	重要研究發現
主權財富基金與次貸風暴	藍蔚迎、余慕薌與洪財隆 2008 年 文件分析法	東亞金融整合與主權財富基金（台灣經濟研究月刊）	1.「東協加三」將使得「清邁協定」更加具體化，如此所謂「亞洲貨幣單位」可能出現，這不但象徵亞洲各國多邊金融合作將更為緊密，所謂「亞元」也可能真的實現。2.過去以來亞洲的主權財富基金將大部分資產投入美國國庫券，投資報酬率偏低，但近年來投資標的已分散到更多資產組合，以增進更高報酬。

---

[15] Anthony Elson, "Sovereign Wealth Funds and the International Monetary System", *The Whitehead Journal of Diplomacy and International Relations*, Vol.IX, No.2 (Summer/Fall 2008), pp.71-82.

[16] Aaditya Mattoo and Arvind Subramanian,"Currency Undervaluation and Sovereign Wealth Funds: A New Role for the World Trade Organization", *Policy Research Working Paper of World Bank*, No.4888 (July 2008), pp.1-28.

	陳世憲	次貸風暴延燒，新興	1. 當 2006 年發生次貸風暴後，主權財富
主權財富基金與次貸風暴	2008 年	國家主權基金趁勢崛起（台灣經濟研究月刊）	基金成為重要的資金「救火隊」。
	文件分析法		2. 主權財富基金並非都賺錢，因此政府不一定都要成立，反而應該以建構產業良好的發展環境為優先。
	李翔與袁曉雨	主權財富基金與次貸危機（國家行政學院學報）	1. 在次貸風暴下，主權財富基金投資金融機構後，均能使該金融企業的股價更穩定，但不一定增加，而從股票交易量來說也不一定增加。
	2009 年		
	文件分析法		2. 主權財富基金對西方國家來說是一把「雙面刃」，既能帶來收益卻又有風險，其中特別是透明度不夠與政策監督不足。
	Anthony Elson	Sovereign Wealth Funds and the International Monetary System（The Whitehead Journal of Diplomacy and International Relations）	1. 主權財富基金對於國際經濟體系來說具有兩大意義：一是經濟實力與財富的重分配，二是 IMF 的威信與對於該基金監管之影響力下降。
國際組織與主權財富基金	2008 年		
	文件分析法		2. IMF 忽忽了在國際經濟體系中的督導功能，未來應扮演此一角色。
			3. 當前 IMF 會員國的投票權並不如聯合國般的平等，主要投票權集中在已開發國家，如今新興經濟體認為應重新衡量會員國的經濟實力而制訂新標準。
	Aaditya Mattoo 與 Arvind Subramanian	Currency Undervaluation and Sovereign Wealth Funds: A New Role for the World Trade Organization（Policy Research Working Paper of World Bank）	除了 IMF 和 OECD 外，包括 WTO 也認為持有主權財富基金的國家，其政府角色應該更為透明，而國際間也應建構妥協之機制
	2008 年		
	文件分析法		

資料來源：作者自行整理

三、主權財富基金將造成保護主義的問題

　　主權財富基金發展迄今，雖然增長快速，但也出現了許多問題，其中特別是可能引發貿易保護主義的興起。王霞與王曙光在「談主權財富基金與西方投資保護措施」一文中指出，當前主權財富基金的發展，投資國的投資目的可能是非經濟因素，因此有引發「西方投資保護主義」抬頭的隱憂。目前，美國與德國所採取的投資保護措施最為積極而明確。作者也指出，貿易保護主義雖然不是針對中國的主權財富基金，但是中國作為發展最快的新興大國與採取「走出去」戰略，在進行跨國併購時應特別謹慎，密切注意國際的政治形勢，應進行彈性併購，並且瞭解各國的審查監管機制。[17]

　　王遙與劉笑萍所著的「經濟安全與主權財富基金投資動向研究」一文，首先提出了國家經濟安全的概念，他認為主權財富基金對於投資國的經濟安全來說，首先，可以保證主動性的經濟調整策略，其次，可提高總體經濟實力、國際競爭力、危機預防與處理能力，甚至改變經濟安全觀。而對於受資國來說則可以提供持續與良好的融資條件，促進投資環境的優化與提高國際競爭力。但另一方面，投資國的冒進投資行為也可能產生受資國之經濟波動與保護主義情緒。因此作者認為，主權財富基金應在投資國與受資國經濟安全的基礎上找到平衡點，才能避免保護主義的興起。這其中首先是投資國對於投資目標的設定，究竟是穩定型、進取型還是戰略（策略）型投資；其次是投資領域、產業、產品與區域的選擇；第三，

---

[17] 王霞、王曙光，「談主權財富基金與西方投資保護措施」，*經濟問題*（太原），2008 年第 6 期（2008 年 6 月），頁 110-112。

是投資風險的控制，如何完善公司的治理結構、建立有效投資決策機制與適當的透明度都甚為重要。因此作者建議中國的主權財富基金應該明確投資目標與策略、完善公司治理結構、建立專業化管理團隊、主動參與國際間相關規範的談判、把握受資國態度與推進跨文化的投資管理策略等。[18]

愛森門（Joshua Aizenman）與格力克（Reuven Glick）在「Sovereign Wealth Funds: Stumbling Blocks or Stepping Stones to Financial Globalization?」一文中則認為，主權財富基金要採取所謂的「互惠原則」，也就是投資國與受資國之間均開放自由投資，事實上並不可行。因此倘若主權財富基金引發不良的政治影響，將可能迫使許多國家採取資本管制與「金融保護主義」（financial protectionism），這勢必使得金融全球化的發展受到阻礙。[19]

瑞士國家銀行副行長希爾德布蘭德（Philipp M. Hildebrand）在「The Challenge of Sovereign Wealth Funds」一文中指出，由於掌握主權財富基金的國家大量投資他國的私營企業，而其資本是從過去被視為邊陲的國家向中心國家流動，加上其背後的非經濟因素，使得許多已開發國家對此採取保守態度，因此產生保護主義也就難以避免。[20]

吉爾森（Ronald J. Gilson）與米爾霍波特（Curtis J. Milhaupt）在所著的「Sovereign Wealth Funds and Corporate Governance: A

[18] 王遙、劉笑萍，「經濟安全與主權財富基金投資動向研究」，**廣東金融學院學報**（廣州），第 23 卷第 6 期（2008 年 11 月），頁 91-100。

[19] Joshua Aizenman and Reuven Glick, "Sovereign Wealth Funds: Stumbling Blocks or Stepping Stones to Financial Globalization?", *FRBSF Economic Letter*, 2007-38 (December 2007), pp-1-3.

[20] Philipp M. Hildebrand, "The Challenge of Sovereign Wealth Funds", presented for International Center for Monetary and Banking Studies (Geneva:International Center for Monetary and Banking Studies, 18 December 2007), pp.1-17.

Minimalist Response to the New Mercantilism」一文中指出，主權財富基金此一國家資本主義猶如新重商主義，許多國家面對此一危險性與威脅性，採取積極的防衛措施。以美國為例，倘若一家美國公司的股權被外國政府的主權財富基金所控制，這些外國政府的股東將喪失其投票權；但當其將所有權轉換由非政府的私人所掌控時，就會恢復投票權。這種「和緩模式」的「暫停決策權」（vote suspension）作法雖然與保護主義不同，但仍有許多人擔憂此會造成貿易保護主義，甚至造成主權財富基金所持股份價值的下降。然而作者也認為，這些主權財富基金所持動機為何事實上很難判斷，而且這種「暫停決策權」也可能力有未逮，因為這些基金仍能透過其他方式影響該公司的運作，因此資訊公開還是最重要的方法。總的來說，作者認為主權財富基金的「新重商主義」，已經引發貿易保護主義的興起。[21]

表 1-3 主權財富基金的問題相關著作整理表

作者、出版時間、 研究方法	書名（篇名）， 出版社（刊名）	重要研究發現
王霞與王曙光 2008 年 文件分析法	談主權財富基金與 西方投資保護措施 （經濟問題）	1. 主權財富基金的投資國，其投資目的 　 可能是非經濟因素，因此會引發「西 　 方投資保護主義」的抬頭。其中，美 　 國與德國所採取的投資保護措施最 　 為積極。 2. 貿易保護主義雖不是針對中國，但中 　 國作為新興大國與採取「走出去」戰 　 略，在進行跨國併購時應特別謹慎。

---

[21] Ronald J. Gilson and Curtis J. Milhaupt, "Sovereign Wealth Funds and Corporate Governance: A Minimalist Response to The New Mercantilism", *Stanford Law Review*, Vol.60, Iss.5 (March 2008), pp.1345-1369.

王遙與劉笑萍 2008 年 文件分析法	經濟安全與主權財富基金投資動向研究（廣東金融學院學報）	1. 主權財富基金對於投資國的經濟安全來說，可保證主動性的經濟調整策略，可提高總體經濟實力與國際競爭力、增進危機預防與處理能力、改變經濟安全觀。 2. 主權財富基金對於受資國來說，可提供持續與良好的融資條件，促進投資環境的優化與提高國際競爭力；但另一面，投資國的冒進投資行為也可能產生受資國之經濟波動與保護主義情緒。
Joshua Aizenman and Reuven Glick 2007 年 文件分析法	Sovereign Wealth Funds: Stumbling Blocks or Stepping Stones to Financial Globalization?（FRBSF Economic Letter）	1. 主權財富基金採取所謂的「互惠原則」，事實上並不可行。 2. 倘若主權財富基金引發不良的政治影響，可能迫使許多國家採取「金融保護主義」，這將使得金融全球化受到阻礙。
Philipp M. Hildebrand 2007 年 文件分析法	The Challenge of Sovereign Wealth Funds（International Center for Monetary and Banking Studies）	1. 掌握主權財富基金的國家大量投資他國的私營企業，而其資本是從邊陲國家向中心國家流動。 2. 許多已開發國家對此持保守態度。
Ronald J. Gilson 與 Curtis J. Milhaupt 2008 文件分析法	Sovereign Wealth Funds and Corporate Governance: A Minimalist Response to the New Mercantilism（Stanford Law Review）	1. 主權財富基金此一國家資本主義猶如新重商主義，許多國家面對此一危險性與威脅性，採取積極的防衛措施。 2. 所謂「暫停決策權」的策略，其效果仍有相當程度的限制，因此作者認為資訊公開還是最重要的方法。

資料來源：作者自行整理

四、中國大陸的主權財富基金發展

　　此一領域的研究主要是針對中國的主權財富基金，進行介紹與探討。陳家蓁與孫明德在「中國大陸對外直接投資與主權基金發展及可能限制」一文中，首先指出中國近年來對外直接投資的數量大幅增加，到 2007 年為止達到了 187.2 億美元，並介紹其主權財富基金的籌設背景。作者認為中國主權財富基金的投資，是屬於金融資產投資與策略性直接投資，前者是希望避免風險過大而造成損失，後者則希望進行產業升級與獲得技術、品牌。但是中國主權財富基金的動作不斷，也引發美國等國的高度關注。[22]

　　孫明德在〈中國對外直接與主權基金投資之成效與展望〉一文中，指出中國對外投資績效不佳，主要是因投資主體多為國營企業，而投資項目多為農、林、漁、牧、礦等初級產業，技術水準低。作者認為中國的主權財富基金目前投資案例有限，因此績效仍難以斷定，但在美國金融風暴平息之前，由於全球股匯市並不穩定，因此金融產業的投資可能較為減少，而增加獲取重要品牌、技術與國際政治影響力的策略投資。[23]

　　王鐵山、郭根龍與馮宗憲在「主權財富基金的興起及我國的對策」一文中指出，中國主權財富基金的發展對策，首先是加強對基金發展模式的探索，其次是強化中央銀行對基金的管理，第三是對於基金高層管理人員的約束，第四是制訂基金發展戰略（策略）與

---

[22] 陳家蓁、孫明德，「中國大陸對外直接投資與主權基金發展及可能限制」，**財稅研究**，第 41 卷第 2 期（2009 年 3 月），頁 163-174。

[23] 孫明德，「中國對外直接與主權基金投資之成效與展望」，**台灣經濟研究月刊**，第 31 卷第 5 期（2008 年 5 月），頁 64-69。

投資目錄，第五是實行多元化的投資組合，最後是採取風險防範措施。[24]

　　張明在「中國投資公司的下一步」一文中指出，中國的主權財富基金：中國投資有限責任公司（以下簡稱中投）如果不與其前身：中央匯金投資有限公司（以下簡稱匯金公司）合併的話，而是形成兩個平行的實體，由中投負責海外組合型投資，匯金公司負責國內戰略（策略）性投資，那麼中投在海外所面臨投資的阻力將會降低。[25]

　　文學在「我國主權財富基金的國際發展戰略研究」一文中指出，中國主權財富基金正面臨著法律制度瑕疵、自身目標定位、投資策略選擇、國際經濟政治專業人才匱乏與國際政治障礙等的挑戰。因此他認為中國主權財富基金首先應該健全相關法律與加強法治化管理，其次是要明確定位與支持商業化、市場化之運作，第三是執行積極有效的多元化投資策略，第四是堅持經濟與政治收益上的統一，第五是廣募賢才與投資外包措施，第六是多重出擊來打消國際政治阻力。[26]

　　杜魯門（Edwin M. Truman）在「The Management of China's International Reserves: China and a Sovereign Wealth Fund Scoreboard」一文中指出，中國擁有 1.5 兆美元的外匯存底，目前最大的難題在於如何管理如此龐大而不斷增加的金額。作者針對主權財富基金的四個面向：結構（structure）、治理（governance）、課責與透明度

---

[24] 王鐵山、郭根龍、馮宗憲，「主權財富基金的興起及我國的對策」，經濟縱橫（北京），2007 年第 8 期（2007 年 8 月），頁 31-33。

[25] 張明，「中國投資公司的下一步」，中國投資（北京），2007 第 12 期（2007 年 12 月），頁 112-115。

[26] 文學，「我國主權財富基金的國際發展戰略研究」，新金融（北京），第 238 期（2008 年 12 月），頁 52-57。

（accountability and transparency）、行為方針（behavioral guidelines），訂定出一套評價的標準。滿分為 25 分，但目前沒有一個國家達到，紐西蘭與挪威則分居第一、二名，至於中國主權財富基金的前身「匯金公司」的分數為 6 分，位於平均分數 10.27 以下。在四項指標中除了「結構」是 5.5，在平均分數 4.8 以上外，「治理」是 0 分，「課責與透明度」為 0.5 而低於平均分數 4。由於匯金公司的表現並不理想，因此作者認為中國應該對新的中投公司採取更高標準。而當前中投的規模，受到國內與國際密切的關注，就國內來說，其投資失利使得決策受到質疑，同時也受到內部經濟與政治的雙重挑戰。而就國際而言，由於各國擔心中投在投資上的政治動機，因此面臨其他國家保護主義興起的挑戰，而中投對於國際金融市場也造成若干的不確定性。[27]

吳（Friedrich Wu）與佘（Arifin Seah）在「Would China's Sovereign Wealth Fund Be a Menace to the USA?」一文中指出，中投總經理高西慶曾表示，中國的主權財富基金有兩個投資面向：在對外的投資方面是以金融產品為主，投資額約占其資本的 1/3；對內則針對金融機構，以改善其國有銀行的資本結構。而中投強調其投資策略為：鎖定美國金融性資產、不介入被投資公司的管理、透過間接方式投資資產等三個面向。由於主權財富基金對他國的影響甚大，包括美國、歐盟與 IMF，都希望建立一套監管與透明機制，以避免政治力的介入與操作。作者認為中投成立迄今，所幸尚未發現威脅到全球資本市場或是其他國家之情事，反而是在次貸危機中解決了美國若干金融機構的問題。不可否認，中投在全球資本市場一

---

[27] Edwin M. Truman, "The Management of China's International Reserves: China and a Sovereign Wealth Fund Scoreboard", presented for Conference on China's Exchange Rate Policy (Washington, D.C.: Peterson Institute for International Economics, 19 October 2007), pp.1-34.

方面展示了中國強大的影響力，但另一方面也顯示其必須行事謹慎，以避免成為另一個「中國威脅」。[28]

　　鈴木（Takamoto Suzuki）在「The Launch of China's Sovereign Wealth Fund～Long–term Implications Upon the Global Monetary Regime and Economic Order」一文中，認為中國主權財富基金對於全球金融市場具有兩種衝擊，一是直接另一則是間接。就直接衝擊來說，當前中國非美元計價的外匯存底總額約 3,000 億美金，如果中投將其一半資產投入非美元投資，將造成拋售美元的情況，其總額最高為 1,000 億美金，這將造成國際金融秩序的嚴重衝擊。因此當中國擁有此一「美元拋售卡」（dollar-selling card），倘若中美之間的關係出現衝突，都將引發中國拋售美元的可能性。而就間接衝擊來說，隨著中國對外直接投資的數額快速增加，與外國經貿摩擦的機會也會提高。首先，中投積極在南亞、中亞、非洲、中美洲與南美洲等區域，投資基礎設施和天然資源，已讓國際予以嚴重關注，甚至在短期內，有可能與已開發國家產生衝突；其次，由於中投此一主權財富基金在全球資金流動的透明度不足，這種黑箱作業並收購有關國家安全的企業，如國防與石油工業，將更讓人擔憂受資國的國家安全可能受到威脅，因此許多已開發國家有朝保護主義的傾向發展，對包含中國在內的外資收購進行防堵。作者認為中投的設立，從長遠來看其擁有潛在的影響力，特別是對非美元投資，將可能使得美元為唯一國際貨幣的時代，轉變成多元匯率制度，而歐元的地位也將快速提昇，甚至人民幣也可能成為亞洲的共同貨幣。[29]

---

[28] Friedrich Wu and Arifin Seah, "Would China's Sovereign Wealth Fund Be a Menace to the USA?", *China & World Economy,* Vol.16, No.4 (2008), pp.33-47.

[29] Takamoto Suzuki, "The Launch of China's Sovereign Wealth Fund~ Long-term

　　克里（Alex Cree）在其著作「Managing China's Sovereign Wealth Fund Development:An American Strategy for Setting Rules and Norms」一文中指出，中投的成長會影響全球經濟，特別是中國央行持有巨大的外匯存底，但其治理結構及制度控制似乎仍未健全。作者認為由於中投的高階組成人員多數是國務院官員，因此受其指揮；而國務院也會將此基金的經營績效，向中國共產黨及全國人民代表大會提出報告。基本上，中國的主權財富基金，是學習中東與新加坡的發展與運作方式，其中特別是淡馬錫。但其具體的操作模式為何、透明度為何、是否採取市場導向以及是否真正獨立於政治之外，則同樣受到國際間的質疑。因此作者認為 WTO，應該發揮其整合各國的功能，以建構透明、自由、公平與運作良好的市場機制。而美國也應該扮演領導者的角色，來監督全球主權財富基金的發展，其中特別是針對中國。[30]

表 1-4　中國大陸主權財富基金發展相關著作整理表

作者、出版時間、研究方法	書名（篇名），出版社（刊名）	重要研究發現
陳家蓁、與孫明德 2009 年 文件分析法	中國大陸對外直接投資與主權基金發展及可能限制（財稅研究）	1. 中國的主權財富基金投資是屬於金融資產投資與策略性直接投資，前者是希望避免風險過大而造成損失，後者則希望進行產業升級與獲得技術、品牌。 2. 中國主權財富基金的動作不斷，引發美國等國的高度關注。

Implications Upon the Global Monetary Regime and Economic Order", *Mizuho Research Paper*, No.16 (January 2008), pp.1-25.

[30] Alex Cree,"Managing China's Sovereign Wealth Fund Development:An American Strategy for Setting Rules and Norms", *The Journal of International Policy Solutions*, Vol.9 (Spring 2008) ,pp.27-32.

孫明德 2008 年 文件分析法	中國對外直接與主權基金投資之成效與展望（台灣經濟研究月刊）	1. 中國的主權財富基金目前投資案例有限，因此績效仍難斷定。 2. 在美國金融風暴平息之前，中國主權財富基金在金融面的投資可能減少，而增加獲取重要品牌、技術與國際政治影響力的策略投資。
王鐵山、郭根龍與馮宗憲 2007 年 文件分析法	主權財富基金的興起及我國的對策（經濟縱橫）	中國主權財富基金的發展對策： 1. 加強對基金發展模式的探索。 2. 加強中央銀行對基金的管理。 3. 對於基金高層管理人員的約束。 4. 制訂基金發展戰略（策略）與投資目錄。
張明 2007 年 文件分析法	中國投資公司的下一步（中國投資）	中投如果不與匯金公司合併，而是由中投負責海外組合型投資，匯金公司負責國內戰略（策略）性投資，則中投在海外所面臨投資的阻力將會降低
文學 2008 年 文件分析法	我國主權財富基金的國際發展戰略研究（新金融）	中國主權財富基金的發展方向： 1. 健全相關法律與加強法治化管理。 2. 明確定位與支持商業化、市場化之運作。 3. 執行積極有效的多元化投資策略。 4. 堅持經濟與政治收益上的統一。
Edwin M. Truman 2007 年 文件分析法	The Management of China's International Reserves: China and a Sovereign Wealth Fund Scoreboard（Conference on China's Exchange Rate Policy）	1. 作者針對主權財富基金的四個面向：結構、治理、課責與透明度、行為方針，訂定出一套評價的標準，滿分為 25 分。 2. 匯金公司的分數為 6 分，位於平均 10.27 分以下。 3. 中投受到國內與國際密切的關注，就國內來說，其投資失利使得決策受到質疑。而就國際而言，各國擔心其投資上的政治動機，因此面臨其他國家保護主義的挑戰。

Friedrich Wu 與 Arifin Seah 2008 文件分析法	Would China's Sovereign Wealth Fund Be a Menace to the USA?（China & World Economy）	1. 中投成立迄今，尚未發現威脅到全球資本市場或是其他國家之情事，反而是在次貸危機中解決了美國若干金融機構的問題。 2. 中投在全球資本市場一方面展示了中國強大的影響力，但另一方面也顯示其必須行事謹慎，以避免成為另一個「中國威脅」。
Takamoto Suzuki 2008 文件分析法	The Launch of China's Sovereign Wealth Fund~ Long–term Implications Upon the Global Monetary Regime and Economic Order（Mizuho Research Paper）	1. 作者認為如果中投將其一半資產投入非美元投資，將造成拋售美元的情況，這會造成國際金融秩序的衝擊。 2. 中投的設立，從長遠來看其擁有潛在的影響力，特別是對非美元投資，將可能使得美元為唯一國際貨幣的時代，轉變成多元匯率制度而與歐元並駕齊驅，甚至人民幣也可能成為亞洲的共同貨幣。
Alex Cree 2008 文件分析法	Managing China's Sovereign Wealth Fund Development: An American Strategy for Setting Rules and Norms（The Journal of International Policy Solutions）	1. 中投的高階人員多是國務院官員，因此受其指揮；而國務院也會將此基金的經營績效，向中國共產黨及全國人民代表大會提出報告。 2. 中國的主權財富基金，是學習中東與新加坡的運作模式，而其操作模式、透明度、是否採取市場導向以及是否真正獨立於政治之外，同樣受到國際質疑。 3. WTO 與美國應該扮演更積極的監督角色。

資料來源：作者自行整理

貳、文獻評析

　　由以上的文獻可以發現，由於主權財富基金的快速發展大約在 2000 年以後，受到學術界的關心程度也較晚，因此相關學術著作甚為有限，目前多為期刊而學術專書較少。從上述主權財富基金的著述中，有關「全面性介紹」部分，有助於本研究瞭解此基金的定義、發展過程與操作模式，以便產生全面性的瞭解。不過其多為概略性之介紹，深度較為不足，因此有關「主權財富基金與經濟全球化發展」的相關著作，可以提供在當前全球化下，此一基金與國際經濟發展相互關聯的資訊，這主要包括此基金對於全球次貸風暴的影響，以及國際組織與此基金的關係。至於「主權財富基金所造成保護主義問題」的相關論述，則從反面角度探討此一基金對於許多國家所可能造成的危害，甚至引發保護主義的興起，這提供本研究能從不同角度予以切入的啟發。最後，是有關「中國主權財富基金發展」的相關著作，此與本研究的關聯性最高，因此幫助也最大；不過目前此一研究仍偏重概略性之介紹，缺乏深入性與學理性的探討，而此即為本研究價值與貢獻之所在。

第三節　研究方法

　　對於典範（paradigm）的認識上，根據抽象程度的高低依序可以分成本體論（ontology）、認識論（epistemology）與方法論（methodology）三個層次，本研究採取「定性研究」（qualitative research），首先，在本體論方面依循了唯名論的觀點，強調個別事物的存在性與異質性，而不認同所謂「通質」與「共相」的唯實論，也不接受量化研究在自然科學邏輯下，所強調人類社會穩定性與永恆不變性的實證典範觀點，而強調人類社會的變動性與多重性；而在認識論上則強調主觀主義與交互論的立場，反對客觀主義與二元論的思維；至於方法論則是透過嚴謹之思考邏輯，對於相關文獻進行分析，並藉由思辯詮釋的方式探究與批判社會現象。因此在研究設計上，著重於嚴謹文字的推理與非線性之循環模式，強調結構性之研究策略，以達成質性研究所強調的主觀意義分享與價值判斷之研究結果。

　　而在研究方法（method）方面，也就是研究資料搜集的技術上，透過「非實驗性方法」（non- experimental method）之「文件分析法」（document method）來搜集與整理豐富資料，也就是圖書館式的「次級資料」（secondary data）搜集與歸納整理。基本上，次級資料研究不同於原始資料研究（primary research），原始資料強調研究者透過與被研究對象的實際接觸來獲得所需要的資料，這包括量化研究之問卷調查，以及質性研究之深度訪談、焦點團體訪談、參與觀察等，當資料搜集完後再進行資料之分析。而次級資料誠如史都華（David W. Steward）所述，包括有政府部門的報告、企業界之研究、文件紀錄資料庫、企業組織資料與圖書館中之書籍期刊等，由於搜集原始資料時通常需要昂貴的成本，因此次級資料分析就被認為是較為有效及可行的方法，故史都華認為除非確實必須以新的資料才能解答之研究問題，否則應多採用既存之次級資料。基本上，一個完整的次級資料能夠增加在原始資料研究上的有效性，因此，次級資料分析能為原始資料之研究工具提供方法上的參考，彼此也具有互補的效果。但在搜集次級資料時必需經過仔細的評

估，或依據可靠性與時效性之不同水準來進行加權。在進行資料評
估時，必須掌握以下六大問題：研究之目的為何；誰是資料搜集者；
實際搜尋到的資料是什麼；搜集資料的時間為何；資料是透過何種
管道取得；所取得的資料與其他資料是否一致。[31]另一方面，本研
究將各種搜集而來的資料進行有系統的探究詮釋，並透過比較研究
法將兩個或多個同類事物，依照同一標準來對比研究，以尋找出其
異同之處。

第四節　研究範圍與限制

本研究之範圍及所面臨限制如下所述：

壹、研究範圍

本研究之範圍可以區分成空間與時間兩大部分，在空間範圍方
面，本書指涉的中國大陸是指中華人民共和國政府所有效管轄的地
區，因此所論及到有關「中國」、「中國大陸」、「中共」、「大陸」等
名詞之意義，均不包含蒙古共和國，亦不包含香港與澳門兩個特別
行政區，以及中華民國政府所有效管轄之台、澎、金、馬地區。雖
然香港與澳門已於 1997 與 1999 年回歸中國，中國對外亦聲稱具有
台灣地區之完整主權，但根據目前中國官方的統計資料顯示，台

---

[31] David W. Stewart, *Secondary Research : Information Sources and Methods* (Newbury Park: Sage Publications, 1993), pp.1-40.

灣、香港與澳門均不列入中國的統計範圍內。至於在時間範圍方面，本文所探討的是以 2000 年全球主權財富基金快速發展之後為主，其中特別是 2007 年中投公司成立之後。

貳、研究限制

誠如前述的文獻評析，目前對於中國主權財富基金之國內外學術論述相當有限，因此必須藉由大量之報紙、網路新聞等近期資料進行分析。由於報紙與網路新聞之學術性與嚴謹性較低，雖然本研究已經善盡查證之能事，但必定仍有疏漏之處，此亦為本研究難以突破之限制。此外，本研究若能採取經驗性研究，即透過對於中投公司相關主管的深度訪談，以獲得一手資料進行分析，可藉此瞭解該公司的發展策略與方向，但由於涉及商業機密與邀請不易，因此有實施上的困難性。所以本研究僅能根據所搜集之次級資料進行分析，其中不免有個人主觀性之詮釋，此亦為研究上之限制。

第五節　研究程序與章節安排

本研究之流程，如圖 1-1 述明如下：

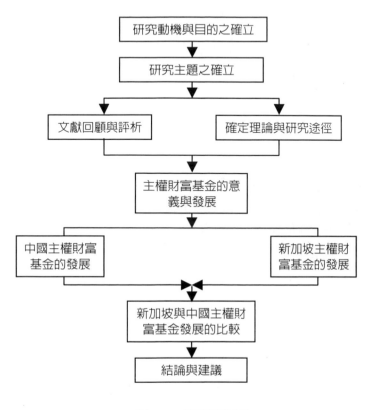

圖 1-1 研究流程圖

資料來源：筆者自行繪製

　　在研究之鋪陳上如圖 1-1 所示，首先是確立研究之動機、目的與欲探討之主題，並依據研究主題進行資料之搜集整理，以及有關文獻之回顧與評析，因此上述過程屬於前置性之作業，其目的在於提供後續深入探究之所需。另一方面，是探討本研究所應用之理論，分別針對相互依存與經濟激勵理論進行探討，此亦為研究之主要途徑。

　　第二部分，是依據上述研究途徑，分析當前主權財富基金的意義，以及各國的發展狀況，希望從宏觀而多元的角度瞭解此一議題。

　　第三部分，是分析中國從成立主權財富基金迄今，在政治與經濟層面所獲得的正面效益，以及所遭遇的諸多問題，並提出未來發展之建議。此外，由於中國的主權財富基金是以新加坡作為參考，而過去以來新加坡的此類基金，因其卓越經營績效與成功管理模式，被視為全球的模範生，因此本研究除了分析新加坡主權財富基金的競爭優勢外，在第四部分將新加坡與中國的這兩個案例進行比較。

　　最後根據上述之研究結果提出總結，以及後續相關研究之建議。基本上，本研究之章節鋪陳如下：

第一章　　緒論

第二章　　研究途徑

第三章　　主權財富基金的意義與發展

第四章　　中國大陸主權財富基金的發展與影響

第五章　　新加坡與中國大主權財富基金發展的比較

第六章　　結論

　　另一方面，從圖 1-2 則可以充分說明本研究的因果架構。本研究認為，由於中國的外匯存底位居全球第一，為使其產生更高的經濟效益，因此中國在國務院下成立了性質屬於國營企業的中投。在其投資策略方面，一方面是針對本國經營不善之金融產業，另一方面則積極挹注其他國家之企業。就前者來說，可以藉此提升中國金融相關產業的競爭力；就後者而言，除了因為資金挹注這些岌岌可危的企業，而增加中國在國際上的政治經濟影響力外，由於中投的投資動作與金額過大，加上中國並非民主體制、政治力對於中投介入過深、中投強調「以黨領政」與透明度不足等因素，使得中投引發許多已開發國家的憂慮。而結果是，這些國家除了提出防範的措施外，也要求各國際組織積極介入管理。

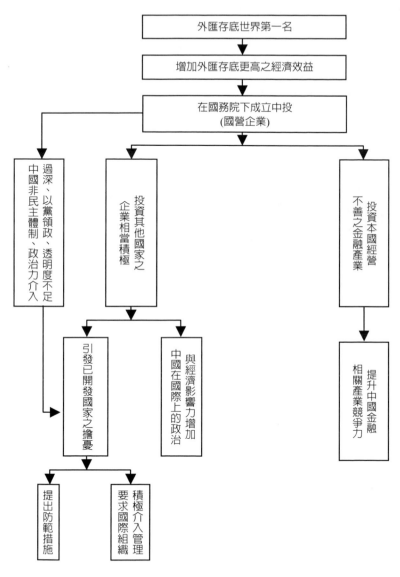

圖 1-2　研究架構圖

資料來源：筆者自行繪製

第二章　研究途徑

　　本章將透過相互依存理論與經濟激勵理論，來探討中國大陸主權財富基金的發展，此亦為本研究之研究途徑。

第一節　相互依存理論

　　知名的國際政治經濟學學者吉爾平（Robert Gilpin）曾說「現代國家與市場的共存與相互作用產生了政治經濟學，而沒有國家與市場即無政治經濟學」，[1] 然而，國際政治經濟學所包含的範圍比政治經濟學更廣，因為其涉及到國與國之間的關係，故複雜性多過單一國家內所發生的國家與市場問題。當前中國主權財富基金的發展，正牽涉到國與國之間的國家與市場關係，因此可透過相關理論進行探究。

---

[1] 　Robert Gilpin, *The Political Economy of International Relations* (New Jersey: Princeton University, 1987), p.7.

壹、國際政治經濟學的理論派別

　　傳統的國際政治經濟學理論大致可以區分為三大部分，即自由主義、重商主義與馬克斯主義，發展至當代則分別以「相互依存理論」（interdependence theory）、「霸權穩定理論」（hegemonic stability theory）與「依賴理論」（dependence theory）為代表。

一、相互依存理論

　　「相互依存理論」繼承了自由主義的傳統，所強調的依存是指國家間或不同國家中行為體間相互影響的情形，而此一相互影響是國際交往所產生的結果，包括貨幣、商品、人員及資訊等跨國界的流通；[2]當前的中國主權財富基金，其影響與效果也是國家間的跨國性流通。舉例來說，中投在 2008 年美國發生次級房貸之後大舉投資美國金融業，被稱為「華爾街救世主」，[3]由此可見，主權財富基金充分體現了國與國之間跨國界經濟流通與相互影響之意涵。

---

[2] Robert O. Keohane and Joseph S. Nye, *Power and Interdependence: World Politics in Transition* (New York: Longman 2001), p.7.

[3] 楊泰興，「投資海外金融機構中投怕了」，工商時報網站，2009 年 1 月 31 日，請參考 http://news.chinatimes.com/CMoney/News/News-Page/0,4442,content+120603+122008120400390,00.html。

二、霸權穩定理論

　　「霸權穩定理論」基本上繼承傳統的重商主義，故又被稱之為「新重商主義」。該理論於 20 世紀 70 年代出現，當時西方工業化國家的經濟發展處於長期停滯，出現了低經濟成長率、高失業率、高通貨膨脹率的現象，其中特別是美國霸權的衰退，這使得該理論應運而生，探討的面向在於：霸權和國際體系的穩定、霸權周期和霸權國家的興衰、霸權戰爭和國際體系的變革。該理論所謂的「霸權」，就是指某一國家在物質資源中具有絕對優勢，特別是擁有原物料、資本、市場與高附加價值產品的生產優勢。霸權的特徵，首先是市場規模巨大，可向友好國家開放市場，對不友好國家關閉市場；其次是其貨幣可以主導國際經濟；第三是其經濟的靈活性和流動性極高，會根據世界經濟的變化來調整本國經濟政策。支持霸權穩定論的金德伯格（Charles P. Kindleberger）認為，一個開放和自由的世界經濟體需要有一個強國來維持；吉爾平也認為自由市場體系的發展必須具有三個前提，即霸權、自由意識型態和共同利益，而只有在霸權統治下的國際體系才會穩定發展；甚至霸權成為一種無排他性的「公共財」（public good）。[4]吉爾平並且認為作為霸權，必須擴大對其他國家行為的影響與實現對世界經濟的控制。然而時至今日的二十一世紀，所謂霸權穩定的概念面臨相當的挑戰，而其在解釋中國的主權財富基金方面，也有許多困難之處，分述如下。首先，所謂的霸權已經日益稀釋化，過去的「七大工業國家集團」

---

[4]　Stefano Guzzini, *Realism in International Relations and International Political Economy* (London: Routledge, 1998), pp.143-153.

（G7），目前因為中國、俄羅斯等新興經濟體已增加為「G20」，前美國總統小布希為了因應 2008 年的國際金融風暴，在該年 11 月 15 日於華盛頓召開了 G20 高峰會議，會中中國由於具有高額的外匯存底與主權財富基金因而最受矚目，而與會的胡錦濤更受到小布希與各國領袖的高度重視；[5]其次，吉爾平將全球畫分成美國、西歐、日本三個霸權，[6]但他們都不是重要的主權財富基金國家，其中美國在發生次貸風暴後引發了金融危機，歐盟也受到直接的衝擊，使得這些「霸權」的角色與影響大不如前，反倒是非屬霸權的主權財富基金國家影響較小，甚至成為這些霸權國家的資金來源，其中特別是中國；第三，當前主權財富基金的主要國家，似乎都不屬於上述的「霸權」概念，不但在過去的歷史發展中，未曾扮演過霸權的角色，而且目前在國際間的政治與經濟領域也都較為低調，甚至沒有積極介入國際事務的意願。而中國從過去以來也始終聲稱「絕不稱霸」，雖然目前綜合國力大幅提昇但仍不完全屬於上述的「霸權」概念，特別是中國在經濟發展上「人口多、底子薄」，仍屬於開發中國家的層次。由此可見，霸權穩定理論似乎難以解釋當前的中國主權財富基金。

三、依賴理論

在當代國際政治經濟學理論中，繼承傳統馬克思主義的批判典範者首推「依賴理論」。首先，其假設在全球單一的資本主義市場

---

[5] 國際中心，「經濟強國版圖重組，中國掌握王牌」，聯合報，2008 年 11 月 16 日，第 AA2 版。

[6] Stefano Guzzini, *Realism in International Relations and International Political Economy*, p.146.

體系中，所有的國家都在這個市場內；其次，這個市場體系存在一種「中心地區」和「邊陲地區」的結構，中心和邊陲屬於「不等價交換」，不但形成剝削與被剝削的關係，邊陲對於中心也產生一種依賴的關係，這使得邊陲的群眾日益貧窮化，也使得資本主義國際體系得以延續動力；第三，在此一發達與不發達的二元結構中，不但條件優越者和惡劣者並存，富強工業化國家和貧窮的農民社會也是並存，然而此一優劣程度非但沒有縮小，反而呈現一種內在擴大的趨勢，而這並非暫存的情況，而是長期的現象。[7]

當前主權財富基金的主要國家以及中國，似乎並非傳統的「中心地區」地位，但是也不屬於「邊陲地區」，因此很難素樸的去區分所謂的「二元結構」，事實上這也正是依賴理論在概念上較為模糊的問題。其次，中國與其他國家間因經貿關係所產生的龐大外匯存底，亦非透過「不等價交換」與剝削他國的方式所獲致。第三，依賴理論刻意忽視資本主義發展成功的模式，包括新加坡、韓國、中國等主權財富基金國家，都是資本主義發展成功的新興經濟體；特別是中國自稱是「具有中國特色的社會主義」，其中的「中國特色」是指從 1978 年改革開放後，逐步接受資本主義式的市場經濟，如此使得經濟增長快速而發展成功，而中國的主權財富基金更是資本主義經濟下之產物。由上述三項理由可以發現，藉由依賴理論來分析中國主權財富基金尚有其侷限性。

---

[7] 王正毅、張岩貴，**國際政治經濟學：理論範式與現實經驗研究**（北京：商務印書館，2004 年），頁 259-263。

貳、本文研究途徑：相互依存理論

　　由上述論述可以發現，相互依存理論較能夠解釋主權財富基金的發展與特質，遂成為本文的主要研究途徑。事實上，60 年代隨著美蘇冷戰對峙的緩和，貿易保護主義抬頭，加上對於現實主義產生懷疑，使得人們重新思考國家間的關係；其中，特別是各國在經濟上的日益相互依存，以及跨國公司和地區經濟一體化的興起。庫柏（Richard N. Cooper）在 1968 年發表「相互依存的經濟學：大西洋共同體的經濟政策」（The Economics of Interdependence:Economic Policy in the Atlantic Community）一書後，相互依存遂成為研究主題。[8] 1977 年基歐漢（Robert O. Keohane）和奈伊（Joseph S. Nye）發表了「權力與相互依賴」（Power and Interdependence:World Politics in Transition）一書，使得相互依存逐漸成為完整之理論，直到二十一世紀，儘管國際政治經濟情勢已經有所改變，此書仍然與時俱進的不斷修正與再版。

一、相互依存理論與現實主義的差異

　　基歐漢和奈伊認為，藉由國際關係理論中的現實主義，來分析國際政治經濟並無法得到全面性的結論，因此他們針對摩根索（Hans J. Morgenthau）的現實主義假設提出批評，而現實主義在

---

[8]　請參考 Richard N. Cooper, *The Economics of Interdependence:Economic Policy in the Atlantic Community* (New York: McGraw-Hill, 1968).

20世紀40年代末期到60年代曾經主導國際關係的研究。基本上，相互依存理論與現實主義的論述差異如以下三點：[9]

（一）非國家行為者的重要性

　　現實主義認為國家是國際政治最重要的行為體與決定因素，而相互依存理論則認為社會聯繫是多種管道的，其可以分為三種：國家之間的關係，即政府官員正式與非正式活動；跨政府的關係，這包括非政府權勢人物間的非正式關係；以及跨國家關係，即包括跨國公司與跨國銀行。此外，「非國家行為者」（non-state actors）將逐漸取代國家主權行為者，而在國際體系與實際國際政治操作中扮演重要的角色，這包括了國際間的政府組織（International Governmental Organization, IGO）、國際間的非政府組織（International Non-Governmental Organization, NGO）、跨國公司、公民團體、非官方的個人等。基本上，主權財富基金大多以跨國公司的模式經營，並且投資其他國家的跨國公司，例如新加坡的淡馬錫近年來積極布局於海峽兩岸，一方面投資中國的中國建設銀行，並協助中國的銀行在海外上市，另一方面也投資台灣的玉山金控集團；[10]而中投於2007年5月以30億美元投資全球第二大私募基金的美國跨國公司：黑石集團（Black Stone），12月以56億美元投資摩根士丹利公司（Morgan Stanley）。[11]另一方面，國際政府組

---

[9]　Robert O. Keohane and Joseph S. Nye, *Power and Interdependence: World Politics in Transition*, pp.21-22.

[10]　陳家蓁、孫明德，「中國大陸對外直接投資與主權基金發展及可能限制」，**財稅研究**，第41卷第2期（2009年3月），頁163-174。

[11]　大陸新聞中心，「中投800億美元資金，招標徵操盤手」，中時電子報網站，2008年11月9日 請參考 http://news.chinatimes.com/2007Cti/2007Cti-News/2007Cti-News-Content/0,4521,110504+112008071000468,00.html。邱詩文，

織也日益介入主權財富基金的運作，隨著中國主權財富基金不斷擴大對海外的投資，包括 IMF 與 OECD 都積極進行有關主權財富基金準則的擬定，而包括歐盟委員會與世界銀行（World Bank），也都相當關切此類基金的發展。[12]

（二）經濟力將取代軍事力

現實主義認為在國際領域中是屬於無政府的狀態，缺乏如國內政治般具有一個至高無上的權威，因此軍事力量是最有效的手段，是行使權力最有效的工具。[13]而相互依存理論則認為，軍事力量的作用甚為有限，在相互依存的情況下，最重要的是要解決盟國間的經濟問題，軍事力量可能毫無作用，因此軍事武力不再是國際關係上的絕對關鍵因素，取而代之的是經濟。

主權財富基金是在 1974 年後開始出現，與相互依存理論的發展時期甚為接近，此一時期正是冷戰逐漸趨於和緩而軍事力式微之際，1972 年 2 月美國總統尼克森訪問中國，除與毛澤東會面外，雙方更簽署了「中美聯合公報」（即上海公報），這是冷戰以來中國與美國長期對立下的歷史性突破，也奠定了日後雙方建交的基礎；

「中投不敢投資歐美銀行」，經濟日報網站，2009 年 1 月 31 日，請參考 http://udn.com/NEWS/MAINLAND/MAI3/4628849.shtml。2008 年 9 月據傳又繼續加碼投資摩根士丹利達 49%的股權，楊泰興，「投資海外金融機構中投怕了」，工商時報網站，2009 年 1 月 31 日，請參考 http://news.chinatimes.com/CMoney/News/News-Page/0,4442,content+120603+122008120400390,00.html。

[12] 潘勛、尹德瀚，「主權基金傾國威脅，國際擬規範」，中時電子報網站，2008 年 10 月 25 日 請參考 http://news.chinatimes.com/2007Cti/2007Cti-News/2007Cti-News-Content/0,4521,110504+112008071000467,00.html。

[13] Stefano Guzzini, *Realism in International Relations and International Political Economy*, p.27.

此外，美蘇之間也加強了對話，尼克森在提出了「新和平戰略」後，於同年 5 月訪問了蘇聯，雙方簽署了限制戰略武器條約，這不但使得 80 年代後美蘇逐步停止了軍備競賽，更使得藉由軍事武力來解決國際爭端的可能性大幅降低。而在軍事力式微之際，經濟力的重要性迅速提昇，國際間的經濟合作也更為緊密，其中特別是「關稅暨貿易總協定」（General Agreement on Tariffs and Trade, GATT）最具代表性，該協定自 1948 年成立後共舉行過八回合的談判，其中以第七回合（東京回合）與第八回合（烏拉圭回合）談判最為重要。其中的第七回合談判自 1973 年開始而至 1979 年完成，除了降低關稅障礙外，更達成了多項非關稅規範（code），[14]使 GATT 談判之觸角伸入了非關稅領域，[15]而此一時期也正是主權財富基金發展的階段。

　　而主權財富基金發展迄今，其在經濟上的影響力更為突出，這充分顯示在國際事務上，經濟力將取代軍事力的趨勢。例如當美國在 2007 年 2 月爆發次級房貸的金融風暴後，隨即引發全球的金融危機，各國股市也因而受到影響，成為世界居民所面臨的共同問題。在全球投資者信心下降與全球市場不佳的情況下，2007 年全球主權財富基金對外投資金額為 485 億美元，達到全球金融機構對外投資總金額的 40%；[16]而根據麥肯錫全球研究院於 2008 年 7 月 10 日所發布的報告指出，次貸風暴後由亞洲和石油輸出國所掌握

---

[14] 包括了反傾銷、反補貼、開發中國家待遇、貿易爭端解決、技術壁壘障礙、政府採購、補貼及平衡稅、關稅估價、進口許可證稅序等非關稅措施協定。

[15] 尚明、李仲周，淺談關貿協定——重返關貿協定（北京：經濟日報出版社，1992 年），頁 15。

[16] 李翔、袁曉雨，「主權財富基金與次貸危機」，國家行政學院學報（北京），2009 年第 2 期（2009 年 4 月），頁 69-72。王遙、劉笑萍，「經濟安全與主權財富基金投資動向研究」，廣東金融學院學報（廣州），第 23 卷第 6 期（2008 年 11 月），頁 91-100。

的主權財富基金，總共向西方金融機構注入了大約 630 億美元的資金。[17]IMF 則指出，從 2007 年 10 月開始到 2008 年，各國主權財富基金總共向歐洲和美國銀行投入了超過 400 億美元的資金，以挽救遭受重大損失的銀行。[18]至於個別國家，阿聯的阿布達比投資局在 2007 年 11 月投資花旗集團 75 億美元；科威特投資局在 2008 年 1 月也投資花旗集團 30 億美元，同時買入美林證券 20 億美元，[19]這對於穩定美國的政治與經濟情勢極具貢獻。

對於中國來說，中投註冊資本額為 2,000 億美元，2009 年除了近半數是投資中國的國有商業銀行外，尚餘 1,000 億美元資金，而其中九成是現金持有，因此在全球面臨金融風暴之際，這 900 億美元現金就受到國際間的矚目，不但象徵其投資標的具有指標意義，[20]更代表若干經營不善的企業可能因而起死回生，員工可以免於失業，這對於受資國的經濟與就業來說極具意義。另一方面，由於中投在 2009 年因面臨國際金融風暴，使得對於黑石集團與摩根士丹利公司的投資資產大幅縮水，帳面亦蒙受巨額損失，至 2008 年 12 月的統計顯示，黑石集團帳面損失約為投資額的 81%，摩根士丹利則為 75%，[21]這使得從 2009 年開始，中投減少投資金融產

---

[17] 盧嵐、鄧雄，「全球主權財富基金的發展動向及啟示」，**中國軟科學**（北京），2008 年第 11 期（2008 年 11 月），頁 17-25。

[18] 國際貨幣基金，「基金組織加強關於主權財富基金的工作」，國際貨幣基金網站 2008 年 10 月 25 日 請參考 http://www.imf.org/external/chinese/pubs/ft/survey/so/2008/pol030408ac.pdf。

[19] 季晶晶，「投資失利，中東主權基金這回不當凱子」，經濟日報網站，2009 年 1 月 12 日 請參考 http://udn.com/NEWS/WORLD/WORS5/4522406.shtml。

[20] 林則宏，「中投手握千億美元」，經濟日報網站，2009 年 4 月 9 日，請參考 http://udn.com/NEWS/MAINLAND/MAI3/4779630.shtml。

[21] 楊泰興，「投資海外金融機構中投怕了」，工商時報網站，2009 年 1 月 31 日，請參考 http://news.chinatimes.com/CMoney/News/News-Page/0,4442,content+120603+122008120400390,00.html。邱詩文，「中投不敢投資歐美銀行」，經濟日報網站，2009 年 1 月 31 日，請參考 http://udn.com/NEWS/MAINLAN

業，轉而投資天然資源與房地產。其中特別是已開發國家的房地產，如此造成國際間緊密關注其投資標的，包括澳洲的鐵礦與澳洲、英國的房地產等，由於都是中投可能投資的對象，因此相關企業的股票也就水漲船高，[22]而這些國家的景氣復甦也因而露出了曙光。由此可見，從中國主權財富基金的發展來看，也充分顯示經濟力在國際關係上的重要性，絕不遜於軍事力。

（三）軍事安全的重要性逐漸式微

現實主義認為世界政治中的問題有等級之分，以軍事安全為首。但相互依存理論認為，問題等級之分已經消失，軍事安全不再成為世界首要的問題，國內政策的相關事物也會影響國際，國內問題與對外問題之間的區別日益模糊。事實上，早在 1994 年美國政府首次將「經濟安全」列入「國家安全戰略」報告，並將其作為國家安全的基礎，這使得「國家經濟安全」成為重要的議題，也使得軍事安全之重要性下降。對於不同的國家而言，經濟安全具有不同的意涵，基本上，已開發國家對於經濟安全的維護措施是屬於「進攻型」，而開發中國家則屬於「防守型」。[23]

中國以國家政治力量挾帶著巨額外匯存底，進入國際資本市場，已經引起歐美國家的警覺與不安，並擔憂非民主體制的中國會藉由金融操作，來介入其他國家自由市場的正常運作，或是以經濟手段達到掌控他國之目的，如此不但形成經濟安全上的危害，甚至

D/MAI3/4628849.shtml。

[22] 劉煥彥，「中投不藏私，大報明牌」，經濟日報網站，2009 年 4 月 9 日，請參考 http://udn.com/NEWS/MAINLAND/MAI3/4774491.shtml。

[23] 王遙、劉笑萍，「經濟安全與主權財富基金投資動向研究」，**廣東金融學院學報**（廣州），頁 91-100。

可能造成全球市場經濟的危機，這比軍事安全的影響更為重大。也因此當 2007 年中國成立主權財富基金後，國際上的憂慮溢於言表，OECD 的高級經濟學家克爾克派崔克（Grant Kirkpatrick）表示，幾乎所有的主權財富基金都有政治目的，但是大家對挪威的此類基金並不擔心，因為其政治目的僅是促進環保和維護健康；大家擔憂的主要是中東國家和中國、俄羅斯，西方憂慮這些國家的政府藉由主權財富基金的投資活動控制其戰略資源。[24]德國總理梅克爾也明確表示，主權財富基金往往受到「政治和其它動機」的驅使，她指出主權財富基金的出現帶來了「一場全新的衝突局面，我們必須認真應對」，英國中央銀行：英格蘭銀行副行長吉弗（John Gieve）警告：「擁有大量外匯存底的國家從債權人開始向資產所有人轉變，可能導致政治緊張和保護主義」。[25]而英國籍的歐盟貿易代表曼德爾森（Peter Mandelson）也表示，歐盟有可能會出面阻止一些投資和收購的提案，並建議在被視為「關乎國家或戰略利益」的公司，設立由歐洲國家政府所控制的「黃金股」，以抵禦外國政府的投資，這將使得包括中投在內的主權財富基金，無法大規模地進行能源、大型企業等方面的投資。[26]

---

[24] 「美國如何維持投資與安全的平衡」，中國評論新聞網，2007 年 11 月 8 日，請參考 http://www.chinareviewnews.com/crn-webapp/search/siteDetail.jsp?id=100486973&sw=%E4%B8%AD%E5%9B%BD%E6%8A%95%E8%B5%84%E5%85%AC%E5%8F%B8。

[25] 高毅，「中國主權資金令歐美不安」，BBC 中文網，2007 年 7 月 26 日，請參考 http://news.bbc.co.uk/chinese/trad/low/newsid_6910000/newsid_6917500/6917562.stm。

[26] 「中投公司使命是什麼？」，中國評論新聞網，2007 年 10 月 2 日，請參考 http://www.chinareviewnews.com/doc/1004/6/0/9/100460976.html?coluid=53&kindid=0&docid=100460976&mdate=1002003751。

二、相互依存理論的內容

相互依存理論雖然是依循自由主義，但隨著全球政治經濟情勢的變遷，基歐漢和奈伊也有所調整，並提出以下四個論述：[27]

（一）相互依存並不意味著互利

首先，並不是所有國家間的交往都是相互依存的，只有交往活動付出代價才可以稱得上是相互依存；其次，相互依存不意味著互利，也不意味著沒有國際衝突，相反的國際衝突會以新的形式出現，甚至是增多；第三，傳統自由主義往往認為相互依存的各方共同收益，但相互依存理論則認為，相互依存的雙方只存在相對的收益和分配，即相對的受益和相對的受損，因此並非意味著沒有衝突。

事實上，當前的主權財富基金對於他國的投資，既非互利也可能與受資國產生利益上的矛盾，特別是許多中東與亞太國家的主權財富基金缺乏透明度，因而造成若干西方國家的保護主義有抬頭之趨勢，誠如愛森門（Joshua Aizenman）與格力克（Reuven Glick）所認為，主權財富基金要採取「互惠原則」，也就是投資國與受資國之間均開放自由投資，事實上並不可行。[28]這種「自利」凌駕於「互利互惠」的情況，就如中投董事長樓繼偉在 2008 年 12 月所言，

---

[27] Robert O. Keohane and Joseph S. Nye, *Power and Interdependence: World Politics in Transition*, pp.8-10.

[28] Joshua Aizenman and Reuven Glick, "Sovereign Wealth Funds: Stumbling Blocks or Stepping Stones to Financial Globalization?", *FRBSF Economic Letter*, 2007-38 (December 2007), pp.1-3.

面對全球金融危機與歐美金融機構接連傳出負面消息，中投已經沒有勇氣再投資海外的金融機構，[29]他甚至指出「中國把自己的事情搞好，就是對世界經濟的最大貢獻」。[30]

（二）相互依存並不意味著「非零和」

我們不能機械地認為傳統國際政治就是零和政治，而經濟上相互依存的政治就是非零和政治；事實上，經濟相互依存也包含競爭，可能出現零和競爭。在主權財富基金的投資中，由於事涉商業利益，因此極有可能與其他國家產生零和競賽。例如 2008 年 12 月下旬所舉行的第五次「中美戰略經濟對話」，美國在面對其岌岌可危的金融業時，公開表示歡迎中國的主權財富基金，在「商業」的前提下進行投資。[31]由此可見美國一方面希望中國主權財富基金在相互依存的精神下進行資金挹注，但因為中國近年來的綜合國力大幅提昇，儼然成為美國的競爭對手，使得美國也擔心中國的經濟投資具有非商業性之政治意圖。

（三）相互依存並不意味著完全平等

不應把相互依存的定義偏限於相互之間均等的依存，事實上在行為體的交往中，會存在著不對稱的狀況。目前主權財富基金中，

---

[29] 林安妮，「中投在美投資虧損將攤提」，經濟日報網站，2009 年 1 月 12 日，請參考 http://udn.com/NEWS/MAINLAND/MAI3/4635614.shtml。

[30] 亓樂義，「中投：中國只能夠救得了自己」，中時電子報網站，2009 年 1 月 31 日，請參考 http://news.chinatimes.com/2007Cti/2007Cti-News/2007Cti-News-Content/0,4521,110505+112008120400094,00.html。

[31] 劉煥彥，「美金融業歡迎大陸主權基金投資」，經濟日報網站，2009 年 1 月 30 日，請參考 http://udn.com/NEWS/MAINLAND/MAI1/4631876.shtml。

不同國家之間也存在著不均等的現象，許多強勢而積極的主權財富基金，不斷收購經濟較為落後國家的企業。2008 年 12 月中投董事長樓繼偉公開表示，中投海外投資會朝向資產配置的「地域多樣化」目標發展，因此除了投資西方發達經濟體外，也會向新興市場進行投資。[32]對於中投來說，在非洲、拉美與中東等開發中國家的投資，可以獲得策略性原物料，同時可兼顧文化教育等方面的交流與投資；而對東南亞國家的投資，則有利於「中國東盟自由貿易區」的發展，提供東亞經濟一體化的必要資金；對「上海合作組織」各成員國的投資，則攸關中國與這些國家的特殊政治經濟和歷史文化關係，特別是有關新疆獨立的政治問題。由此可見，未來中投也可能去收購許多亞、非、拉地區經濟較為落後國家的企業。

（四）相互依存並不意味著穩定

從權力的角度出發，相互依存仍然充滿著「敏感性」與「脆弱性」，此一敏感性包括了經濟、政治與社會等層面。誠如前述，由於許多主權財富基金投資國與受資國之間的關係並非是互利，一方面投資國可能因為經濟損失，而認為受資國從中作梗或設下投資陷阱；另一方面，受資國也可能擔心投資國會產生與本國產業的零和競爭，因而加以反對或干預，所以此一投資行為就隱藏著政治與經濟上的「敏感性」與「脆弱性」。誠如前述的中投，在投資黑石集團與摩根士丹利公司後，因面臨國際金融風暴而虧損嚴重，這使得中投因而遭受中國內部的強烈批評。由此可見中國在全球金融風暴下，仍然投資上述美國兩大企業，的確是展現了相互依存的精神，

---

[32] 楊泰興，「投資海外金融機構中投怕了」，工商時報網站，2008 年 12 月 4 日，請參考 http://news.chinatimes.com/CMoney/News/News-Page/0,4442,content+120603+122008120400390,00.html。

但由於中投承擔之投資責任與風險的「敏感性」，加上中美政治關係的「敏感性」與雙方互信之「脆弱性」，使得中投在虧損的情況下，還必須不斷對外宣稱「投資黑石是個很好的投資」，[33]就是希望降低政治上的「敏感性」與「脆弱性」。

第二節　經濟激勵理論

近年來，中國主權財富基金在全球化與貿易自由化的情況下迅速發展，為全球資本市場注入了一股新的能量，也提昇了受資國在債券、股票或房地產等方面的價格，對於財務亮紅燈的基金與企業提供了緊急紓困資金。此一經濟效果，基本上可以藉由格里科（Joseph M. Grieco）與伊肯博里（John Ikenberry）所提出的「經濟激勵」（economic incentives）理論來加以解釋。所謂經濟激勵就是某一「主導國」（initiator state）承諾或實際給予某一「接受國」（target state）經濟上的利益，以使其服膺於主導國的政治要求。在手段方面，可以分成三種，分別是主導國直接給予接受國經濟利益、主導國對於接受國進行市場開放、主導國准許接受國加入國際經貿組織等三大類。[34]從本研究來說，中國所扮演的是主導國的角色，而受

---

[33] 賀靜萍，「拿長錢做長事，中投：投資黑石是好交易」，工商時報網站，2009年1月31日，請參考 http://news.chinatimes.com/2007Cti/2007Cti-News/2007Cti-News-Content/0,4521,120505+122008102800088,00.html。

[34] Joseph M. Grieco and John Ikenberry, *State Power and World Markets: The International Political Economy* (New York: W.W. Norton and Company, Inc., 2003), pp.181-184.

資國則是本文之前所談論的主權財富基金接受國，而從主權財富基金的資金挹注效果來說，應是屬於第一類的直接給予利益。

壹、經濟激勵之目的與效果

對於主導國來說，經濟激勵的目的則有四個，包括與接受國形成策略聯盟（strategic alignments）、形成軍事盟國、維持戰時聯盟與防止友邦轉向敵對國家，[35]從中國對接受國進行資金挹注的模式來說，基本上是屬於第一類，也就是藉此增進與其他國家的經貿整合與緊密聯繫，進而形成策略聯盟。

至於經濟激勵的效果，歸納格里科、伊肯博里與哈斯（Richard N. Haass）、歐蘇立文（Meghan L. O'Sullivan）等學者的觀點，認為與以下三點有密切關係：[36]

一、接受國的特徵

倘若接受國的經濟問題極為嚴重，則容易接受經濟激勵；而當接受國與主導國之間的關係良好，接受國將更能滿足主導國的期

---

[35] Joseph M. Grieco and John Ikenberry, *State Power and World Markets: The International Political Economy*, pp.184-185.

[36] Joseph M. Grieco and John Ikenberry, *State Power and World Markets: The International Political Economy*, pp.191-193. Richard N. Haass and Meghan L. O'Sullivan, "Conclusion", in Richard N. Haass and Meghan L. O'Sullivan eds., *Honey and Vinegar: Incentives, Sanctions and Foreign Policy* (Washington, D.C.: Brookings Institution Press, 2000), pp.162-176.

待。因此，當某一國家對於中國的資金需求越是殷切時，就越受到
此經濟激勵的箝制。

二、主導國的條件

當主導國對於經濟激勵的控制能力越高，其對於接受國的影響
就越大；當接受國可以從其他國家獲得相同的經濟利益，而主導國
無法阻擋這些替代者時，則其激勵效果就會下降；另外，當主導國
亦具有經濟制裁（economic sanction）能力時，則其激勵效果將大
幅提昇。因此，當中國可以完全控制資金進出的額度，而接受國的
資金來源無法分散，甚至中國可以隨時停止資金挹注以作為制裁
時，則此經濟激勵的效果會大幅增加。

三、接受國與主導國的國內制度

接受國與主導國的國內政治與經濟制度，都會直接影響經濟激
勵成功與否的可能性與效果。例如中國在經濟制度上，表面是採取
市場經濟的模式，但政治上卻是中國共產黨長期一黨獨大與持續執
政，言論自由與人權時常受到侵害，經濟更是直接遭受政府的干預
與介入。因此其主權財富基金在國外進行投資時，往往引發許多國
家的質疑，此將於之後進行詳述。

貳、經濟激勵之風險

　　至於經濟激勵的風險，可以分別從接受國、主導國與第三國等三個層面來看。就接受國說，可能因為在經濟激勵下使其經濟成長，反而成為主導國的競爭者；[37]對於主導國來說，當兩國間的經濟利益日益緊密後，若干主導國內部的企業或組織也會因而受益，因此會要求與遊說主導國政府，給予接受國更多的經濟激勵；就第三國來說，可能因為某一接受國所獲得的經濟激勵過多，造成「排擠效果」，使得其他國家獲得的激勵減少，進而採取威脅的手段希望獲得更多，主導國也會因為如此而降低分配效率。[38]

參、經濟制裁的意義

　　誠如前述，當經濟激勵與經濟制裁相互搭配時，其效果最佳，格里科與伊肯博里認為，所謂經濟制裁就是主導國為達到政治之目的，威脅或實際中斷與接受國間經濟關聯之行動。[39]基本上，其方式包括兩大類，一是貿易制裁，另一是金融制裁，本文認為主權財富基金的制裁方式是屬於後者。經濟制裁可以分為直接（primary

---

[37] Robert Lee Suettinger, "The United States and China: Tough Engagement", in Richard N. Haass and Meghan L. O'Sullivan eds., *Honey and Vinegar: Incentives, Sanctions and Foreign Policy*, pp.12-32.

[38] Joseph M. Grieco and John Ikenberry, *State Power and World Markets:The International Political Economy*, pp.194-197.

[39] Joseph M. Grieco and John Ikenberry, *State Power and World Markets: The International Political Economy*, p.164.

sanction）與間接（secondary sanction）兩種，前者是指主導國直接斷絕與接受國間的經濟關聯，使其直接付出代價；後者則是主導國透過對於第三國進行經濟懲罰，使其減少與接受國間的經濟往來，間接的減少接受國利益。[40]從主權財富基金的角度來看，若是採取經濟制裁的作為，多數是屬於直接的模式，也就是直接限制或減少前往某國進行投資，或是不答應增加資金挹注之要求。誠如前美國財長桑默斯（Larry Summers）在世界經濟論壇（The World Economic Forum, WEF）演講時指出，主權財富基金未來有轉變為外交攻擊武器的可能，舉例來說，甲國主權財富基金投資乙國的最大銀行，倘若這家銀行出現了經營危機，為避免發生連鎖的金融風暴，乙國國家領導人勢必會出面與甲國協商如何解決此一危機，則此時甲國就可透過主權財富基金影響乙國的國內事務；而共同參加此次世界經濟論壇且擁有龐大主權財富基金的挪威財政部部長哈沃森（Kristin Halvorsen），在回應桑默斯的演講就指出：「也許你們不喜歡我們，不過你們還是需要我們的錢」。[41]

由此可見，主權財富基金在某些時候，是可以作為經濟制裁上的籌碼。但是不可諱言的，採取經濟制裁的成功與否，取決於雙方決心的高低程度；而接受國也可能被迫採取極端的作為。[42]

---

[40] Joseph M. Grieco and John Ikenberry, *State Power and World Markets: The International Political Economy*, p.170.

[41] 林向愷，「未來台灣的金融災難將緣於政治意圖」，林向愷個人網站，2009年7月26日，請參考 http://homepage.ntu.edu.tw/~kslin/course/tw-f.doc。

[42] Joseph M. Grieco and John Ikenberry, *State Power and World Markets: The International Political Economy*, p.170.

第三章　主權財富基金的發展與影響

　　最早的主權財富基金可以追溯到 1956 年，當時屬於英國保護地的密克羅尼西亞吉爾伯特群島，[1]英國政府針對該島出口的磷酸鹽（鳥糞）徵收稅收，然而當鳥糞逐漸採掘枯竭後，這一筆預留資金就成為「吉里巴斯收益平衡儲備基金」（Kiribati Revenue Equalisation Reserve Fund），[2]目前主權財富基金的意義與發展如下：

第一節　主權財富基金的發展

　　主權財富基金雖然是在 70 年代開始出現，但迅速發展卻是在 2000 年以後，因此目前仍在增加之中，包括台灣也在 2008 年 10 月間由行政院提出發展主權財富基金的構想。由於此類基金是由一國的國內資金投入國外之投資標的，因而使得國際與國內的政經發展更難以分割；而主權財富基金的影響多元，包括政治、外交、經濟與社會等層面。以下僅就主權財富基金的定義、比較與現況進行探討。

---

[1]　現為吉里巴斯共和國（The Republic of Kiribati）。

[2]　申文怡，「避免重蹈霸菱及興業覆轍，主權財富基金可能是全球經濟救星」，DIGITIMES 科技網，2008 年 10 月 12 日，請參考 http://www. digitimes.com.tw/n/memberarticle.asp?id=0000083429_A754HE3GR N31I1R8Y0X2E。

壹、主權財富基金的定義

　　事實上，主權財富基金迄今並無單一與普遍接受的定義。根據美國財政部的看法，此一基金是指政府所投資的外匯資產，而且這些資產的管理者是獨立在中央銀行的官方操控之外；至於 IMF 則將其定義為：政府為了長期目的而掌握外匯資產所創設及擁有之特殊投資基金。[3]總的來說，主權財富基金是指一國隨著經濟、貿易、財政收支狀況的改善與可再生自然資源的收入，以及政府長期實施預算規劃與財政支出限制政策，使得國家財政盈餘與外匯存底盈餘不斷積累，[4]而針對此一過多財政與外匯存底盈餘所成立之基金，以專門投資機構來進行管理運作，使之與匯率或貨幣政策脫鉤，而追求較高的投資報酬率。

　　因此，主權財富基金與私人財富是相對應的，由於是由政府所控制與支配，所以通常是以外幣形式所持有的公共財富。職是之故，主權財富基金所包含的「主權」與「財富」兩個名詞，可以說是一種互為工具的辯證關係，一方面透過財富的增加，提高了國家經濟實力，如此自然可增加國家主權之維繫；另一方面，此類基金若不在一國之主權架構下運作，便是私人財富基金而不具公共性。

---

[3]　行政院金融監督管理委員會，「主權財富基金」，行政院金融監督管理委員會網站，2008 年 10 月 12 日，請參考 http://www.fscey.gov.tw/news_detail2.aspx?icuitem=3861125。

[4]　所謂外匯存底盈餘，是指在足夠支撐國際流動性與支付能力之上的超額外匯存底資產。

貳、主權財富基金與外匯存底的比較

外匯存底與主權財富基金往往被相提並論，因而容易引發混淆。二者的共同點是皆為國家所擁有，同屬於廣義的國家主權財富，來源也頗為相似，但前者是為了保證國家的國際清償能力，以高流動性而低收益性的資產為主；而後者則是在足夠滿足國際流動性與支付清償能力的條件下，針對超額的外匯存底盈餘所進行的積極管理，是以中等流動性與較高收益的外匯投資為主。兩者的特質比較如表 3-1 所示：

表 3-1　主權財富基金與外匯存底比較表

	主權財富基金	官方外匯存底
展現形式	在中央銀行之資產負債平衡表以外，因此有獨立的資產負債平衡表和相配套的其他財務報表	在中央銀行之資產負債平衡表中
其運作與變化對國際收支和匯率政策的關係	沒有必然而直接的關係	密切相關
其變化對於資產的影響	不具有貨幣政策效應	產生貨幣政策效應[5]
管理之態度	實行積極性管理，可以犧牲一定的流動性，承擔更大的投資風險，以實現投資報酬最大化之目標	採取保守謹慎的態度，追求最大流動性與最大安全性

資料來源：筆者自行整理

---

[5] 在其他條件不變的情況下，中央銀行外匯存底資產的增加或減少，將藉由貨幣基礎的變化，而引發一國貨幣供應量的增加或減少。

參、主權財富基金的現況

目前，已成立主權財富基金的國家約 28 個，主要集中在亞洲和中東產油國。其中規模最大者，如表 3-2 所示，是中東產油國阿拉伯聯合大公國的阿布達比投資局（Abu Dhabi Investment Authority, ADIA），規模估計達 8,750 億美元，[6]其他國家亦設立規模大小不一的主權財富基金，其中大多數是生產石油的國家，如挪威、科威特、利比亞、阿爾及利亞、汶萊、卡達、俄羅斯、哈薩克等；另外也有若干是因外貿發展所成立的，其中最著名的莫過於是新加坡的淡馬錫，而印度及日本也有類似的成立計畫。

當前對全球主權財富基金的規模，各存有不同的看法。IMF認為已由 1990 年的 5,000 億美元，增加至 2007 年的 2.5 兆美元，預估到 2012 年將達 10 兆美元；[7]英國「金融時報」則指出，2007年較 2006 年增加 18%達到而 3.3 兆美元，[8]預估至 2015 年將超過12 兆美元；[9]美林證券則指出 2008 年為 2.5 兆美元，預估 2012 年為 12 兆美元；[10]至於摩根士丹利則預測，到 2010 年主權財富基

6　葉家興，「中投公司帶來的機會與挑戰香港」，信報財經月刊（香港），第367 期（2007 年 10 月），頁32。

7　行政院金融監督管理委員會，「主權財富基金」，行政院金融監督管理委員會網站，2008 年 10 月 12 日，請參考 http://www.fscey.gov.tw/news_detail2.aspx?icuitem=3861125。

8　主要原因來自於物價的攀升與部份亞洲國家外匯存底的增加。

9　吳國仲，「金融時報：去年全球主權財富基金規模激增18%，來到 3.3 兆美元」，鉅亨網，2008 年 10 月 31 日，請參考 http://tw.money.yahoo.com/news_article/adbf/d_a_080331_2_vvtw。Simo Johnson, *The Rise of Sovereign Wealth Funds, Finance and Development*, Vol.44, No.3 (September 2007), pp.1-3.

10　黃欣，「經濟衰退，美林：全球外匯儲備增速將放緩，2012 年達 12 兆美元」鉅亨網 2009 年 2 月 12 日 請參考 http://news.cnyes.com/dspnewsS.asp?

金可達 5 兆美元，2014 年增至 10 兆美元，2015 年將達到 12 兆美元。[11]

表 3-2　全球主要國家主權財富基金一覽表

國家	基金或管理機構名稱	資產 （億美元）	啓始 年份	資金 來源
阿拉伯聯合大公國	阿布達比投資局	8,750	1976	石油
新加坡	新加坡政府投資公司（GIC）	3,300-4,380	1981	非天然資源
挪威	挪威政府退休養老基金 （The Government Pension Fund of Norway）	3,150-38000	1990	石油
沙烏地阿拉伯	多樣化（Various）基金	3,000	無資料	石油
科威特	科威特投資局（Kuwait Investment Authority）的「新世代外匯存底基金」	2,100-2,500	1976	石油
中國	中國投資有限責任公司	2,000	2007	非天然資源
中國	中央匯金投資有限責任公司 （已經併入中投）	1,000	2003	非天然資源
新加坡	淡馬錫控股有限公司	1,000-1,500	1974	非天然資源
澳洲	澳洲政府未來基金（Australian Government Future Fund）	510-540	2004	非天然資源
利比亞	石油儲備基金	500	2006	石油

rno=36&fi=\NEWSBASE\20081111\WEB1840&vi=33586&sdt=20081110&edt=20081111&top=&date=20081111&time=15:00:22&cls=listnews24hr。

[11] Dilip K. Das, "Sovereign-Wealth Funds: Assuaging the Exaggerated Anguish about the New Global Financial Players", *Global Economy Journal*, Vol.8, Iss.4 (October 2008), pp.1-15.

阿爾及 利亞	Regulation des Recettes 基金	426	2000	石油
美國 （阿拉斯 加州）	阿拉斯加永久基金公司 （Alaska Permanent Fund）	401	1976	石油
卡達	卡達投資局 （Qatar Investment Authority）	400-500	2003	石油
俄羅斯	俄羅斯平準基金（Stabilization Fund of the Russian Federation）	320-1,330	2008	石油
汶萊	汶萊投資局 （Brunei Investment Agency）	300	1983	石油
韓國	韓國投資公司 （Korea Investment Corporation）	200	2005	非天然 資源
馬來西亞	國庫控股 （Khazanah Nasional）	183	1993	非天然 資源
哈薩克	哈薩克國家基金 （Kazakhstan National Fund）	178	2000	石油
加拿大	亞伯達傳統基金 （Alberta Heritage Fund）	166	1976	石油
台灣	國安基金 （National Stabilisation Fund）	150	2000	非天然 資源
伊朗	石油安定基金 （Oil Stabilisation Fund）	129	1999	石油

資料來源：整理自行政院金融監督管理委員會，「主權財富基金」，行政院金融監督管理委員會網站，2008 年 10 月 12 日，請參考 http://www.fscey.gov.tw/news_detail2.aspx?icuitem=3861125。
遠景基金會，「主權財富基金發展現況」，遠景基金會網站，2008 年 10 月 12 日，請參考 http://www.pf.org.tw:8080/web_edit_adv/admin/emp_lib/temp2/temp2a4/template_view.jsp?issue_id=132&pv=2&byfunction。
Deutsche Bank, *Sovereign Wealth Funds:State Investments on the Rise* (Frankfurt:Deutsche Bank ,2007), p.3.
Mark Allen and Jaime Caruana, *Sovereign Wealth Funds:A Work Agenda* (Washington, D.C.: International Monetary Fund, 2008), p.7.

第二節　主權財富基金的分類

當前國際間對於主權財富基金的分類方式不一，本文分別就設立動機、資金來源和管理模式三方面，加以分類與探討：

壹、依據設立動機來區分

根據每個國家成立主權財富基金之目的，可以區分為以下五種類型，詳如表 3-3 所示：

表 3-3　主權財富基金成立目的分類表

種類	目的	國家
穩定型主權財富基金 （stabilization-oriented fund）	追求國家外匯收入的中長期穩健增長，以降低其短期波動對本國經濟的影響	挪威
沖銷型主權財富基金 （sterilization-oriented fund）	幫助中央銀行分散外匯存底與干預外匯市場，以應付外匯流動性過剩的問題，而在外匯市場上所進行的沖銷操作	香港
儲蓄型主權財富基金 （savings-oriented fund）	積蓄當代財富，以為後代子孫謀福	沙烏地阿拉伯、阿拉伯聯合大公國
預防型主權財富基金 （preventive fund）	預防國家、社會與經濟的危機，以促進經濟和社會的平穩發展	科威特
策略型主權財富基金 （strategy-oriented fund）	尋求在全球的架構下優化資源配置，培育世界一流企業，以實現本國經濟和社會發展的策略目標	新加坡

資料來源：整理自林宣君、林詠喬，「淺述主權財富基金」，證交資料，第 548 期（2007年 12 月），頁 57-69。

劉傑中，「資訊透明、不投資軍火、不道德產業，清清白白也能賺大錢，挪威主權財富基金」，DIGITIMES 科技網，2008 年 10 月 12 日，請參考 http://www.digitimes.com.tw/n/article.asp?id=0000081870_B9P0TB93TN6HMAC1DC4YH。

一、穩定型主權財富基金

穩定型主權財富基金，多屬於將豐沛自然資源出口以換取外匯的國家，其一方面為了避免資源枯竭後影響到政府的穩定收入；另一方面則為了避免因短期自然資源生產波動，而造成經濟的大起大落，因此設立主權財富基金進行多元化投資，以延長資產投資期限，並提高長期投資收益水準，全球第三大石油出口國的挪威即為此代表。如表 3-2 所示，挪威因石油出口迅速增長使其財政盈餘與外匯存底亦水漲船高，為了更有效率的管理此一「石油財富」與因應石油可能耗盡的危機，在 1990 年設立主權財富基金。

二、沖銷型主權財富基金

沖銷型主權財富基金，根據 IMF 的定義是由於各國進行中長期投資的外匯存底，並不列入外匯存底的計算範圍，使得一些具有高額外匯存底的國家，藉由設立主權財富基金來將其分流，以降低名目上的外匯數量，進而減少貨幣升值的壓力以維持匯率穩定。例如香港的外匯存底長期居於全球前十位，1997 年正逢亞洲金融風暴，港元受到以索羅斯（George Soros）為首的國際投資者大筆買賣，造成匯價大幅波動，1998 年香港金融管理局為維持港元匯率的穩定，因而成立了主權財富基金。[12]

---

[12] 「香港聯繫匯率制度」，維基百科，2009 年 2 月 12 日，請參考 http://zh.wikipedia.org/wiki/%E9%A6%99%E6%B8%AF%E8%81%AF%E7%B9%BB%E5%8C%AF%E7%8E%87%E5%88%B6%E5%BA%A6。

三、儲蓄型主權財富基金

　　儲蓄型基金是指若干中東國家希望藉由國際投資，以緩解高齡化社會所可能帶來的沈重財政負擔，並因應自然資源收入下降，對養老金體系所帶來的衝擊，因此在尋求代際間更公平進行財富分配之前提下，所成立的主權財富基金。其中可區分為「保守」與「積極」兩大類型，例如沙烏地阿拉伯傾向於保守的政策，大多投資債券，如美國的公債與股票；而阿拉伯聯合大公國則採取積極的操作模式，偏好投資私募基金與避險基金，以追求較高的投資報酬。

四、預防型主權財富基金

　　預防型主權財富基金之成立目的，就如同個人的預防性儲蓄一樣，許多亞洲國家都持有巨額外匯存底，以因應潛在的社會經濟危機和發展的不確定性。例如科威特在伊拉克戰爭結束後，得以順利重建家園與迅速展開建設，相當程度上要歸功於科威特投資局，為因應國家發展之可能風險，所長期積累的主權財富基金，因其解決了伊拉克重建資金不足的燃眉之急。[13]

---

[13] MBA 智庫，「主權財富基金」，MBA 智庫百科網站，2008 年 10 月 12 日，請參考 http://wiki.mbalib.com/w/index.php?title=%E4%B8%BB%E6%9D%83%E8%B4%A2%E5%AF%8C%E5%9F%BA%E9%87%91&variant=zh-tw。

五、策略型主權財富基金

至於策略型主權財富基金，以新加坡的淡馬錫最具代表性，其投資範圍甚為多元，憑藉多年積累的資金優勢，進入資金短缺的國家，以分享其經濟增長的成果。因此該公司所制定的投資策略是：將 1/3 的資金投入已開發國家的市場，1/3 用於亞洲開發中國家，剩餘的 1/3 留在新加坡本土。[14]

貳、依據資金來源來區分

主權財富基金可以包含任何來源的公共資金，資金來源是以財政與外匯存底之盈餘累積為主，如下頁表 3-4 所示包括能源出口與外貿順差；此外，另有兩個管道所產生，即公共基金與國際援助。

目前的主權財富基金中，70%是屬於能源出口收入所成立的產油國，由於財源是以外匯存底為主，因此每當油價上漲時，這些國家的外匯存底就會迅速增加。而新加坡的主權財富基金則來自於該國之「公共基金」：「中央公積金」，新加坡政府規定凡是工作者均應按月與雇主共同提撥基金費用，彙繳至中央公積金以作為未來生活保障之所需，由此可見新加坡主權財富基金成立之目的，在於建立更穩定之社會安全制度，此將於第五章詳細說明。

---

[14] 唐玉麟、陳洛薇、林上祚，「動用外匯，府建議成立主權基金」，中國時報網站，2009 年 2 月 12 日，請參考 http://news.chinatimes.com/2007Cti/2007Cti-News/2007Cti-News-Content/0,4521,110501+112008100100104,00.html。

表 3-4　主權財富基金資金來源分類表

種類	來源	國家
能源的出口收入	從天然資源的出口所獲致，包括石油、天然氣、銅和鑽石等。其中一種是由於國內金融體系無法吸納巨額的美元收入，所以利用貿易盈餘來成立；另一種是所謂的「創立平準基金」，在於避免因能源出口收入的大起大落，而造成對總體經濟的負面影響所成立	第一種是以中東地區之產油國為主，而創立平準基金則以俄羅斯等國為主
持續外貿順差	此類基金是以採取出口導向型經濟政策的東亞國家為主，其資金來源為外貿所產生的順差	例如馬來西亞、韓國、台灣、[15]香港等
公共基金	政府為追求公共基金的更高收益而成立之基金，因此其資金來源為公共基金	以挪威和新加坡為代表
國際援助	國際上對於貧困國家的經濟援助所成立之基金	烏干達

資料來源：整理自林宣君、林詠喬，「淺述主權財富基金」，頁57-69。
　　　　　王鐵山、郭根龍、馮宗憲，「主權財富基金的興起及我國的對策」，經濟綜合（北京），2007年第8期（2007年8月），頁31-33。

參、依據管理模式來區分

主權財富基金依據其管理方式，如表3-5所示可以分為以下兩種。

表 3-5　主權財富基金管理方式分類表

種類	管理方式	國家
由財政部門委託中央銀行進行的被動管理	歐美國家的外匯存底通常被視為國民財富，當其盈餘滿足必要之流動性與安全性後仍有剩餘時，由財政部門管轄	美國、加拿大、澳洲、香港
由財政部門成立專門的國家外匯投資公司進行主動管理	這些投資公司通常根據公司法或特別之法律所設立，如此主權財富基金被置於獨立法人機構的管理之下，和政府保持若干距離	新加坡、挪威、韓國、中國

資料來源：整理自林宣君、林詠喬，「淺述主權財富基金」，頁57-69。

---

[15] 台灣以外貿順差所成立的「國安基金」，其目的是基於國家安全之考量，因此操作模式不同於一般主權財富基金。

一、被動式管理之主權財富基金

　　就被動式管理而言，中央銀行往往會根據政策目標、儲備資產的風險特徵與期限、市場上可供選擇的投資工具等因素，分割成不同的投資組合。以香港為例，其金融管理局將外匯存底分成兩類：一類是以滿足流動性為目的之資產儲備，另一類則是以積極的資產管理為目的之多餘儲備，並分別進行投資和管理。[16]此一模式的優點是，央行可以對所有的國家盈餘財富進行集中管理，以避免新設機構因缺乏經驗而可能付出的成本；由於不需要對另一獨立機構進行協調，因此當金融市場出現波動時，央行可以迅速作出反應。以1997 年發生的亞洲金融風暴為例，當時國際炒家的雙向操作方式，迫使香港金融管理局必須採取迅速有效的反應措施，由於該局內部機構之間具有合作與協調的便利性，使得香港經濟得以快速回歸穩定。

　　但央行的被動管理模式也有其缺點，首先，流動性管理和積極資產管理在發展的策略上迥然不同，因此當兩者同屬一個管理機構時，即使操作層面上可分離，但不同的管理策略卻需交給同一個管理階層或董事會來確定，可能引發矛盾與衝突。因此，倘若管理階層的思維傾向於傳統之央行管理模式，則積極的資產管理就可能難以實施，最終勢必走向以政府為主導之管理方式；其次，央行直接管理的模式也容易有操縱外匯市場之嫌，可能導致央行的聲譽受到影響。

---

[16] MBA 智庫，「主權財富基金」，MBA 智庫百科網站，2008 年 10 月 12 日，請參考 http://wiki.mbalib.com/w/index.php?title=%E4%B8%BB%E6%9D%83%E8%B4%A2%E5%AF%8C%E5%9F%BA%E9%87%91&variant=zh-tw。

二、主動式管理之主權財富基金

　　自 90 年代以來，若干國家開始單獨成立專門的投資機構來管理主權財富基金，以拓展投資管道與延長投資年限，進而提高投資總體之收益率。誠如表 3-2 所示，2005 年 7 月，當時外匯存底居世界第四位的南韓也模仿新加坡，成立了「韓國投資公司」；為進一步提高長期投資收益，1998 年挪威中央銀行也設立了專門的管理公司，即「挪威央行投資管理公司」（Norges Bank Investment Management，簡稱 NBIM）。[17]

　　主動管理相較於被動管理模式來說，在進行投資時對於市場的瞭解和遵循市場制度的程度均較後者為佳，因為這些獨立於國家外匯管理局的外匯投資公司，其一方面採用較為積極的投資方式，對不同的資產進行管理以拓展投資管道，進而提高投資決策的靈活性；另一方面其多元化的經營資產，有利於分散風險，可提高風險承受能力，以進行風險資產的最優組合，如此可以獲得較高的報酬率。但是即便如此，在主動管理模式中，政府仍然對於主權財富基金的投資方式與投資組合，掌握相當的影響力，其管理可以區分為以下三個層次：

（一）第一層次：政府主管部門

　　除若干小國是直接由總統、國王負責管理外，多數國家是根據主權財富基金的性質，由財政部或中央銀行作為主管部門。其職能

---

[17] MBA 智庫，「主權財富基金」，MBA 智庫百科網站，2008 年 10 月 12 日，請參考 http://wiki.mbalib.com/w/index.php?title=%E4%B8%BB%E6%9D%83%E8%B4%A2%E5%AF%8C%E5%9F%BA%E9%87%91&variant=zh-tw。

包括：提名任命主權財富機構的董事會成員和董事長、決定是否增減外匯和財政盈餘到主權財富基金、審議財務報告等。因此，政府主管部門一般都不干預此類基金的日常經營活動。

（二）第二層次：主權財富基金

大多數主權財富基金都會依法建立健全的公司治理結構，並具有較高獨立性的董事會。董事會成員中，由政府部門以外的專業人士所組成之非執行董事，往往占董事會成員的一半以上。董事會負責制定公司總體投資策略與投資組合，並對董事會績效進行評估。大多數主權財富基金董事會還下設專門委員會，負責董事會在審計、風險管理、薪資與人事任命等方面的實際工作。至於管理階層則由董事會任命，因此對董事會負責，負責公司的日常經營與決策。

（三）第三層次：投資組合職能部門或子公司

大多數主權財富基金還設立獨立的子公司，分別投資不同領域的產業。這些子公司也都建立了相對規範的公司治理結構，具有相對獨立的董事會與管理階層。

當前，無論主權財富基金是採取主動式或是被動式的管理，其發展趨勢都相當一致，正逐漸從傳統的以規避風險為目的之流動性管理模式，向更加多元化和具有更強風險承受能力的資產管理模式轉變。

第三節　主權財富基金發展的特色與問題

　　世界銀行首席經濟學家林毅夫在 2008 年 10 月時表示，主權財富基金在美國次級房貸所引發的全球金融危機中，可以發揮一定的功用；設有主權財富基金的國家訂定相關的行為準則，將可確保此類基金在國際金融領域中扮演建設性的角色。[18]另一方面，主權財富基金發展迄今也產生了許多問題，因此當前此類基金的發展特色與問題如下所述：

壹、當前主權財富基金發展的特色

　　當前的主權財富基金仍屬於發展的階段，有若干趨勢值得關注，分述如下：

一、中國大陸的發展受到矚目

　　中國在 1978 年改革開放後，積極進行招商引資，而成為所謂的「世界工廠」，不但建構出以出口為導向的經濟模式，更在對外貿易的快速發展下，累積了大量之外匯存底。為進行較為積極的外匯投資，由中國國家外匯管理局（以下簡稱外管局）所設的外匯投資公司來運作。因此中國在二十一世紀正式加入了主權財富基金的陣營中，中投公司的規模為 2,000 億美元，成為世界最大的主權財

---

[18] 劉道捷，「林毅夫：主權基金扮演火要角」，經濟日報網站，2008 年 10 月 13 日，請參考 http://udn.com/NEWS/WORLD/WORS2/4555508.shtml。

富基金之一。[19]隨著中國在經濟上的持續發展，加上其在國際經濟上的積極作為，極有可能在 2012 年成為擁有全球最大此類基金的國家。

二、次貸風暴後影響更加明顯

　　隨著全球的主權財富基金數量快速增長，其資產規模急劇膨脹，市場影響力也隨之提昇，近年來全球股票市場已經有愈來愈多的主權財富基金進入。從 2007 年開始，全球經濟受到美國次級房貸風暴所影響，各國都需要資金的引進，因此這種有國家財力支持而資金雄厚的投資者，在國際投資市場中的地位便大幅增加；特別是許多飽受次貸危機影響的金融機構，更視主權財富基金為活水源頭。例如新加坡的淡馬錫控股公司，其投資對象包括印度工業信貸投資銀行、中國建設銀行和英國渣打銀行等多家知名金融機構。[20]特別的是，目前於國際間活躍的主權財富基金，多半是石油和天然氣豐富的國家，由於近年來國際原油價格不斷上升，使得這些主權財富基金的身價不但快速提昇，而且在次貸風暴之後的影響力，也更加明顯。

三、投資方式日益多元

　　主權財富基金的積極管理主要考慮的是資產的長期投資價值，因此對於短期波動並不過分關注，但針對投資組合的資產配

[19] 朱小明，「中國主權基金 CIC，套牢 54 億美元」，聯合晚報網站，2008 年 11 月 12 日，請參考 http://udn.com/NEWS/WORLD/WOR2/4556166.shtml。
[20] 葉家興，「中投公司帶來的機會與挑戰香港」，頁 32。

置、貨幣構成、風險控制等都有嚴格要求。主權財富基金的投資策略，主要是指投資組合依照資產種類、貨幣、國別、行業、風險承受水準等項目，所進行的策略性配置。在過去，此一基金的管理方式較為被動而保守，對於本國與國際金融市場的影響也甚為有限。但隨著近年來因國際油價飆漲與國際貿易擴張，使得主權財富基金的獲利迅速增加，使其採取專業化與市場化的運作手段，管理也日趨積極而多元。即以規避風險為目的的流動性管理模式，轉為具有更強風險承擔能力的資產管理模式，以謀求長遠投資，並獲得較高收益。因此，其資產分布不再集中於高等級的政府債券和企業債券，如 G7 之定息債券；而是著眼於包括股票和其他風險性資產在內的全球性多元化資產組合，如外國房地產、私人股權投資、商品期貨、對沖基金等非傳統類投資。這使得主權財富基金在國際金融市場中，扮演更為活躍的角色。所以，此一基金能夠在有效進行風險控制的條件下，建構更具績效的投資組合，進而獲取較高的投資報酬。

以挪威 NBIM 為例，1996 年前其幾乎全部投資於有擔保的政府債券，由於石油基金規模迅速增長，1998 年挪威銀行放寬了 NBIM 對股票投資的限制；目前，NBIM 投資組合中，股票比例為 30%，其餘部分為固定收益產品投資。而新加坡 GIC 的投資策略則更為積極，投資組合包括債券、股票、房地產、股權投資等各類資產。至於科威特投資局則致力於實施靈活的、專業化的、適應國際市場變化的分散投資策略；在投資組合上，房地產基金占 34%，直接投資基金占 17%，股票基金占 38%，債券基金占 11%。[21]

---

[21] MBA 智庫，「主權財富基金」，MBA 智庫百科網站，2008 年 10 月 12 日，請參考 http://wiki.mbalib.com/w/index.php?title=%E4%B8%BB%E6%9D%83 %E8%B4%A2%E5%AF%8C%E5%9F%BA%E9%87%91&variant=zh-tw。

四、正派經營成為未來發展趨勢

當前，主權財富基金的運作與經營管理，正日益步上正軌，其發展趨勢如下：

（一）建立明確的商業化、專業化與獨立化原則

所謂商業化，即主權財富基金的相關章程必須規範得非常明確，只追求純粹的商業目標，即長遠投資價值的最大化，而不摻雜其他非商業的政治性或社會性目標，進而能夠以專業立場進行獨立性的判斷。

事實證明，由於主權財富基金的背景，極容易受到各方面的政治性影響與政府官僚干預。這不但犧牲了此類基金獨立性與專業化的運作能力，造成難以降低投資風險與增加投資效益，更可能引發不同立場與策略上的衝突。由於主權財富基金的資金大部分投資於海外資產，本來在政治上就極為敏感，因此如果某國的此類基金缺少足夠之商業性與運作獨立性，就有可能被認為是該投資國的一個政策工具，進而容易遭到受資國在政治上的指控與阻力。例如新加坡淡馬錫一直以其獨特的運作模式取得優異的業績，進而吸引全球投資者的目光，其成功的重要原因之一，就是堅持商業化、專業化與獨立化。

（二）明確基金與其董事會、股東的關係

為確保商業化、專業化與獨立化，主權財富基金一方面要在公司章程中明確訂立該基金及其董事會，與股東（即國家）間、與中

央銀行間、與財政部間、與政府其他部門間、與金融監管部門間的關係，以及與旗下投資對象，特別是與其參股控股的子公司間的關係。因為任何含糊不清的關係，都將導致各方面對於主權財富基金的不必要干預，進而影響其商業化、專業化與獨立化的運作。

　　另一方面，主權財富基金的內部組織架構、治理模式與管理團隊如何建立也甚為重要。例如阿聯的阿布達比投資局、新加坡的GIC、挪威政府退休養老基金等，都儘量採取國際金融市場上私人投資公司的組織，避免依循政府行政機關的架構。[22]其中，特別是去凸顯董事會與專業投資委員會的核心決策權及自主權，並強調組織精簡與決策效率；否則主權財富基金若淪為政府行政機關而非專業化的商業機構，勢必採用官僚行政模式而壓抑專業精神與商業文化，導致組織的僵化而不利於高效率運作。因此，在阿聯與新加坡的主權財富基金員工中極少有公務員，而是在國際金融市場中網羅一流的國際金融人才，甚至許多基金經理與首席投資官都是具有外國籍的專業人員。

（三）外部管理扮演重要角色

　　許多主權財富基金，將其絕大部分資金交由外部專業機構來管理，一般是優先委託給國內高素質、具有國際經驗與發展潛力的專業投資經理人，如此可使該國仍處於萌芽階段的機構投資者之相關行業得以成長。其次，這些主權財富基金會挑選世界一流的投資機構，包括投資銀行、私募股權投資基金（Private Equity Fund，PE）、

---

[22] MBA 智庫，「主權財富基金」，MBA 智庫百科網站，2008 年 10 月 12 日，請參考 http://wiki.mbalib.com/w/index.php?title=%E4%B8%BB%E6%9D%83%E8%B4%A2%E5%AF%8C%E5%9F%BA%E9%87%91&variant=zh-tw。

對沖基金以及傳統資產管理公司等作為其外部管理人，[23]如此一方面可以獲得較高的預期投資報酬，另一方面也可獲致外部專業機構所提供的投資研究報告、市場情報資訊與投資管理經驗。

外部管理對多數主權財富基金來說是需要的，藉此可以彌補政府投資機構中專業人才不足的問題，同時避免此一基金直接出面在國際金融市場中爭購資產，如此可以減少主權財富基金所面臨的特殊市場與政治風險。

（四）風險管理至關重要

主權財富基金在追求高報酬的同時，也伴隨著風險的提高，因此相關管理機構必須規避不適當的風險，使得在尋求高報酬和承擔高風險之間取得平衡。而有效的風險管理，不僅能將風險控制在可承受的範圍，更可使投資組合的潛在報酬得以最大化。當前，挪威與新加坡的風險管理已經成為主權財富基金發展的典範，以挪威NBIM 為例，在其「挪威政府石油基金投資指引」中，對於風險管理具有明確規定，包括資產配置限制、信用風險限制、債權持有期限限制與投資基準偏離的最大偏離限制等。

目前，大多數主權財富基金在控制風險上具有三個共同點：公司管理高層直接介入風險控制；強調多元化投資組合，以降低不同投資策略間的風險相關性；運用現代風險統計技術來進行資產配置和風險評估。

---

[23] 李翔、袁曉雨「主權財富基金與次貸危機」，國家行政學院學報（北京），2009 年第 2 期（2009 年 2 月），頁 69-72。

（五）透明度被視為健康發展條件

挪威主權財富基金的透明度、道德與穩定收益兼具，始終被稱為是主權財富基金中的「模範生」。其不但開放 IMF 與 OECD 對其進行研究調查，而且對外公開其投資標的與投資組合，甚至一般網際網路即可查詢其投資種類、地區、外幣與年收益等資訊。事實證明，挪威主權財富基金的透明度有助於增加其經濟利益，在 2005年時投資收益超過 100%、2006 年也有 15%，如此使得政府部門與基金管理的界線更為清晰。[24]

（六）投資的道德性受到重視

近年來，主權財富基金除了著眼於收益之外，也日益重視投資是否符合道德性。例如挪威的主權財富基金對於投資標的之道德度也有所考量，除了已經停止投資 25 項不符合環保、人權規範的企業外，武器製造業也被排除在外，近年來甚至考慮停止投資菸草及性產業。其中，最著名的就是挪威在 2005 年公開宣布停止對於沃爾瑪（Wal-Mart）的投資，因為其漠視勞工福利與供貨廠商的品管不嚴謹。[25]

---

[24] MBA 智庫，「主權財富基金」，MBA 智庫百科網站，2008 年 10 月 12 日，請參考 http://wiki.mbalib.com/w/index.php?title=%E4%B8%BB%E6%9D%83%E8%B4%A2%E5%AF%8C%E5%9F%BA%E9%87%91&variant=zh-tw。

[25] 劉傑中，「資訊透明、不投資軍火、不道德產業，清清白白也能賺大錢，挪威主權財富基金」，DIGITIMES 網站，2009 年 2 月 9 日，請參考 http://www.digitimes.com.tw/n/article.asp?id=0000081870_B9P0TB93TN6HMAC1DC4YH。

貳、當前主權財富基金發展的問題

主權財富基金的發展雖然快速，但仍有以下三項重大問題，分述如下：

一、資訊不對稱所形成之政經風險

主權財富基金可說是政府直接管理或委託管理的特殊類型公共基金，因此其投資通常結合了一個國家的的政治與經濟目的，如此使得資訊披露和透明度方面都較為欠缺。職是之故，就市場與投資者來說，在資訊不對稱的情況下，很難充分瞭解各種不同主權財富基金的決策程序、策略目標、投資原則，也不知如何確定與調整其投資組合，對於此類基金的激勵與約束機制也欠缺資訊。因此，國際間開始擔心主權財富基金的興起，可能會增加國際金融架構的體系性風險。特別是近年所發生的美國次級房貸問題，就顯示出金融商品從設計、信用評比、發行和交易等一系列環節都可能出現缺陷，故很難進行有效的風險評估。

二、動輒影響國際金融市場

由於主權財富基金與一般投資基金相較，其具有特殊的政治與經濟意涵，因此一舉一動格外引人注目，很難在市場上維持其匿名性與私密性。當市場一旦獲知某主權財富基金有意投資某資產或某

股票，則該資產或股票的價格就會上漲，如此不但會增加主權財富
基金的投資成本，更會直接影響國際間的金融市場。

三、引發其他國家的猜疑

　　由於主權財富基金的背後具有敏感之政府與政治背景，因此其
投資行為往往會引起受資國各方面的猜疑與無形阻力，甚至是公開
的敵意。例如 2008 年 6 月波士頓房地產公司、高盛集團與杜拜投
資基金（Meraas Capital LLC of Dubai），聯手以 28 億美元買下位於
紐約第五大道的通用汽車大樓，創下美國辦公大樓交易的新高紀
錄；而曾是全球最高摩天大樓的紐約克萊斯勒大樓，也已於同年 7
月被阿布達比投資委員會以密而不宣的價格買下，這都造成美國民
眾對於中東主權財富基金的關注與擔憂。[26]

　　事實上，西方國家真正憂慮的是，許多主權財富基金無法確定
其真實目標與資產數額，其投資目的可能不只在於為民牟利，而是
透過策略性收購來增強政治經濟權力。例如卡達與杜拜投資基金曾
以超高價格收購倫敦股票交易所的股份，就讓外界認為此一投資恐
怕並非僅是為了獲利，而是企圖掌控倫敦股票交易所的主導權。[27]

　　誠如表 3-6 所示，許多西方已開發國家的政府，擔心外國的主
權財富基金，可能對其本國「策略性產業」的企業進行併購，會危

---

[26] 劉聖芬，「克萊斯勒大樓中東人插旗」，工商時報網站，2008 年 11 月 9 日，
　　請參考 http://news.chinatimes.com/CMoney/News/News-Page/0,4442,content+
　　120602+122008071000623,00.html。

[27] 潘勛、尹德瀚，「主權基金傾國威脅，國際擬規範」，中國時報網站，2008
　　年 10 月 25 日 請參考 http://news.chinatimes.com/2007Cti/2007Cti-News/2007
　　Cti-News-Content/0,4521,110504+112008071000467,00.html。

害其國家安全。因為這種「策略投資」由於會對所投資的企業與產業產生直接影響，因此除非該主權財富基金是屬於影響力不大的小國，否則受資國政府容易懷疑其背後的政治目的，進而引發反感與限制。相對來說，「組合型投資」由於是一種持股比例較低的參股型投資，在不涉及企業控制權的轉移情況下，較為可能被界定為市場化的行為，故容易獲得受資國政府的認可。挪威主權財富基金是少數在國際間不被其他國家質疑的個案，其主要是有三個原因：一是不去謀求控股地位；二是在公開市場上進行投資，不涉及私募股權的投資；三是在投資組合變化後適時對外公布。[28]

表 3-6　各國對主權財富基金審查一覽表

國別	美國	日本	法國	德國	英國
法源	國防產業法、外商投資與國家安全法案（FINSA）	外匯及外貿法	通貨金融法	對外經濟法	企業法、對外貿易法
審查重點	國家安全保障	國家安全保障、公共秩序、經濟影響	公共秩序衛生、治安、國防	國家安全保障、國民生活、對外關係	國家權益
審查對象交易	取得普通股 10% 以上	取得普通股 10% 以上	取得普通股 33.3% 以上	取得普通股 25% 以上	無明確限制
審查業別	所有業別	安全保障之農、漁、礦業	國防、洗錢、資訊等 11 種	武器製造業	所有業別
主管單位	總統	財政部等	經濟財政部	經濟勞工部	經濟部
管制方式	事後管制	事前申請	事前申請	事前申請	事後管制

資料來源：李儀坤，「各國主權基金概況」，台灣經濟金融月刊，第 44 卷第 7 期（2008 年 7 月），頁 45-64。

---

[28] 盧嵐、鄧雄，「全球主權財富基金的發展動向及啟示」，中國軟科學（北京），2008 年第 11 期（2008 年 11 月），頁 17-25。

如表 3-6 所示，除了如英國因為是極端奉行自由貿易，所以對於主權財富基金是採取正面肯定的態度，而不加以過多限制，僅強調投資行為需顧及「互惠性」，不採取短線操作以免造成市場震盪。[29]以下針對各國之因應措施進行探討：

（一）美國對於主權財富基金的因應作為

美國政府就採取較為謹慎的態度，首先是要求 IMF 和 OECD針對主權財富基金建構一套行為準則；2007 年 7 月美國前總統布希簽署「2007 年外商投資與國家安全法案」（Foreign Investment and National Security Act of 2007, FINSA），這是對於 1988 年通過的「埃克森－佛羅里奧法案」（Exon-Florio Act）的最新修訂，[30]以加強對於外資併購案件的審查。FINSA 規定任何外國公司投資或併購美國企業的案件，都必須經過財政部下的一個跨部門機構：美國外國投資委員會（Committee on Foreign Investment in the United States，CFIUS）進行審查，重大案件甚至需送交總統進行審查。[31]2008 年3 月美國與阿拉伯聯合大公國、新加坡，就主權財富基金的投資基本原則達成三方協定，強調此類基金的投資決策，應基於商業目的而非地緣政治目的，此將於第五章詳述。[32]2008 年 4 月 21 日，美

---

[29] Deutsche Bank, *Sovereign Wealth Funds: State Investments on the Rise* (Frankfurt: Deutsche Bank , 2007), pp.10-11.

[30] 林宣君、林詠喬，「淺述主權財富基金」，**證交資料**，第 548 期（2007 年 12月），頁 58-69。

[31] 該委員會成員包括：國家安全理事會、司法部、國防部、聯邦調查局、能源部等 13 個部會共同組成。蘇俊銘，「淺談主權財富基金」，**證券暨期貨月刊**，第 26 卷第 1 期（2008 年 1 月），頁 43-47。

[32] 陳世憲，「次貸風暴延燒，新興國家主權基金趨勢崛起」，**台灣經濟研究月刊**，第 31 卷第 6 期（2008 年 6 月），頁 53-59。Ronald J.Gilson and Curtis J.Milhaupt, "Sovereign Wealth Funds and Corporate Governance: A Minimalist

國財政部公布了有關外國投資審查的新規定，更加明確而嚴格規範了外國資本投資美國企業的審查程序。[33]

（二）亞洲各國對於主權財富基金的因應作為

在亞洲地區的國家中，日本針對主權財富基金的進入投資，於2007 年 10 月頒布新規定，從嚴審查跨國併購案。[34]至於澳洲則禁止中國企業，對於其天然資源相關之企業持有多數的股權，藉此來保護國家的經濟安全。[35]

（三）歐洲各國對於主權財富基金的因應作為

在歐洲各國中，德國與法國對於主權財富基金是採取較為防範的態度，其中德國是歐盟中立場最強硬者，其參考美國對外國直接投資所建立的審查程序，不但調整了「外資交易收支法案」（Foreign Trade and Payments Act）的相關規定，針對電信通訊、軍事後勤、郵政與能源等產業的外來投資予以規範，並提高外資收購本國公司的門檻，[36]而且制定新的法律來處理主權財富基金；此外，建議八大工業國家應對此類基金的運作與資產管理等資訊，設立透明化標準。[37]

Response to the New Mercantilism", *Stanford Law Review*, Vol.60, No.5 (March 2008), pp.1345-1369.

[33] 盧嵐、鄧雄，「全球主權財富基金的發展動向及啟示」，頁 17-25。

[34] 林上祚，「主權基金星國大賺中國慘賠」，中國時報網站，2008 年 10 月 25 日，請參考 http://news.chinatimes.com/2007Cti/2007Cti-News/2007Cti-News-Content/0,4521,110501+112008100100105,00.html。

[35] 李翔、袁曉雨「主權財富基金與次貸危機」，頁 69-72。

[36] 劉鳳元，「主權經濟的發展與監管」，經營與管理（天津），2008 年第 7 期（2008 年 7 月），頁 66-67。

[37] 盧嵐、鄧雄，「全球主權財富基金的發展動向及啟示」，頁 17-25。

　　法國則重新審定了「國家利益」的定義，並且調整了外資持股比例的限制。[38]2008 年 10 月 23 日總統薩科齊宣布，該國政府於 2008 年年底前也建立「策略投資基金」，預計總額將達到 1,000 億歐元，其目的正是基於維護能源、金融等戰略性物資與經濟部門之安全，[39]這顯示法國開始「化被動為主動」的進行對外出擊，也加入了主權財富基金的俱樂部。

　　至於俄羅斯則針對核能、天然資源與武器等影響國家安全之產業，透過立法進行外資投資的約束。[40]

（四）國際組織對於主權財富基金的因應作為

　　在國際組織方面，2007 年 10 月 19 日全球七大工業國（G7）財政部長和中央銀行總裁在美國華府召開會議，首次針對主權財富基金的透明度進行討論，美國於會中提出應嚴格規定限制此一基金，並要求各基金應公開更多資訊，例如投資海外資產之比例，以讓他國更能審查該基金之併購案。而在 G7 會後所發表的聯合聲明中，就針對中國、俄羅斯與中東國家主權財富基金的議題作成決議，會研訂一套「最佳實施規範」（code of best practice），以要求這些基金公開更多資訊，確保基金的投資策略必須明確且符合商業標準，而不會有特殊的政治目的；此外，呼籲主權財富基金在基於商業考量進行投資時，不要採取政治目的的投資，或企圖影響其他國家或控制敵對國家的某個產業。

　　而 IMF 和世界銀行於 2007 年 10 月 20 日所召開的年會中，與會代表強調主權財富基金其投資政策應有完善的公開措施，並認為

---

[38] 林宣君、林詠喬，「淺述主權財富基金」，頁 58-69。
[39] 盧嵐、鄧雄，「全球主權財富基金的發展動向及啟示」，頁 17-25。
[40] 劉鳳元，「主權經濟的發展與監管」，頁 66-67。

IMF 以其目前所扮演的全球金融指導角色，因具有獨特的地位，所以可以找出主權財富基金的共同規則（ground rules）與實施規範（code of practice）。[41]因此，IMF 與各國際組織相較，對於主權財富基金的管理最為主動積極，其重要相關會議與成果分述如下，請參考下頁表 3-7。

基本上，2008 年 4 月所召開的會議最為重要，因為其擬定出主權財富基金的自願行為守則。而該國際工作小組在經過新加坡與智利聖地牙哥會議後，正式簽署了「公認原則與常規」（General Accepted Principles and Practices,GAPP），成為國際社會針對主權財富基金所制訂的第一個自律公約。GAPP 強調此類基金的投資動機必須是基於經濟與獲利，而非政治；投資國必須遵守受資國的規範與公開相關政策、目標、財務等資訊；主權財富基金必須具備一套透明與健全的治理結構與責任分工。[42]

至於 OECD 的投資委員會，則於 2008 年 4 月發布了「主權財富基金和出資國政策」的報告，在其所進行的「投資自由和國家安全」相關研究中，提出了主權財富基金投資國的基本規範。[43]2008 年 10 月，針對此類基金的受資國，提出以下的國家安全建議：各項規範應強調透明度或可預測性；各項投資應強調「課責性」，以確保各項投資的責任歸屬。[44]

---

[41] 蘇俊銘，「淺談主權財富基金」，頁 43-47。
[42] 盧嵐、鄧雄，「全球主權財富基金的發展動向及啟示」，頁 17-25。
[43] 盧嵐、鄧雄，「全球主權財富基金的發展動向及啟示」，頁 17-25。
[44] 黃彥斌，「全球主權基金的發展及可能影響之研究」，經濟研究，第 9 期（2009 年 3 月），頁 297-328。

表 3-7　IMF 舉辦主權財富基金相關會議一覽表

時間	會議名稱	與會代表	會議內容與成果
2007 年 10 月 20 日	IMF 年會	IMF 和世界銀行官員	IMF 以其全球金融指導角色，找出主權財富基金的共同規則與實施規範
2007 年 11 月	主權資產和儲備管理人員圓桌會議	28 個國家的中央銀行、財政部和主權財富基金的高級代表與會	針對各國主權財富基金所面臨的政策、體制和操作問題進行討論
2008 年 4 月	在華盛頓的 IMF 國際總部召開會議	召集各國主權財富基金代表	1. 組成「主權財富基金國際工作小組（international working group of SWFs），共有 25 個國家加入。[45] 2. 擬定出主權財富基金的自願行為守則。[46]
2008 年 7 月	在新加坡舉行 2 天的閉門會議	召集各國之主權財富基金代表	研商如何制定自發性的基金運作準則規範[47]
2008 年 9 月	智利的聖地牙哥	26 個主要主權財富基金代表	達成「聖地牙哥原則」的初步協議與共識，強調共同規範主權財富基金的適當投資行為及設置治理結構[48]

資料來源：國際貨幣基金對外關係部，「成立主權財富基金國際工作組以推動制定自願原則的工作」，國際貨幣基金網站，2008 年 10 月 25 日，請參考 http://www.imf.org/external/chinese/np/sec/pr/2008/pr0897c.pdf。盧嵐、鄧雄，「全球主權財富基金的發展動向及啟示」，**中國軟科學**（北京），2008 年第 11 期（2008 年 11 月），頁 17-25。

---

[45] 工作組成員國包括：澳洲、亞塞拜然、巴林、博茨瓦納、加拿大、智利、中國、赤道幾內亞、伊朗、愛爾蘭、韓國、科威特、利比亞、墨西哥、紐西蘭、挪威、卡達、俄羅斯、新加坡、東帝汶、千里達與托巴哥、阿拉伯聯合大公國、美國和越南。至於沙烏地阿拉伯、OECD 和世界銀行則以永久觀察員的身份參加。國際貨幣基金對外關係部，「成立主權財富基金國際工作組以推動制定自願原則的工作」，國際貨幣基金網站，2008 年 10 月 25 日，請參考 http://www.imf.org/external/chinese/np/sec/pr/2008/pr0897c.pdf。

[46] 盧嵐、鄧雄，「全球主權財富基金的發展動向及啟示」，頁 17-25。

[47] 潘勛、尹德瀚，「主權基金傾國威脅，國際擬規範」，中國時報網站，2008 年 10 月 25 日 請參考 http://news.chinatimes.com/2007Cti/2007Cti-News/2007Cti-News-Content/0,4521,110504+112008071000467,00.html。

[48] 盧嵐、鄧雄，「全球主權財富基金的發展動向及啟示」，頁 17-25。

　　由此可見，當前不同的國際組織，都已經針對主權財富基金所可能產生的負面問題，提出了因應的措施，但這是否能夠真正落實與約束這些基金投資國，目前看來效果似乎相當有限。一方面因為這些國際組織並不具有強制力，使得許多規範均淪為「共識」與「聲明」；另一方面，目前擁有主權財富基金的國家，多為中東、非洲產油國，或是中國與新加坡等東亞國家，由於其並非民主體制，因此資訊缺乏透明，即便是公開的資料，其真實性仍受到質疑，使得這些國際組織似乎是力有未逮。

第四章
中國大陸主權財富基金的發展與影響

　　本章將分別探討中國主權財富基金的發展背景與演變過程，以及其所面臨的機遇與挑戰，並提出本研究之相關建議。

第一節
中國大陸主權財富基金之發展背景與過程

　　1992 年召開的中國共產黨（以下簡稱中共）第十四次全國代表大會中，首次提出了「積極擴大企業對外投資與跨國經營」的中國企業「走出去」政策；2002 年召開的中共第十六次全國代表大會中進一步強調，企業與資金「引進來和走出去」相結合的方針；2007 年召開的中共第十七次全國代表大會，胡錦濤強調「拓展對外開放廣度和深度，提高開放經濟水平，堅持對外開放的基本國策，把引進來和走出去更好結合起來」。在 1990 年時中國對外直接投資金額僅 9 億美元，只有少數國企在北美與紐澳設置海外營業據點以進行投資，2006 年增加為 187.2 億美元，其中 58%集中在亞洲

地區。[1]因此,中國企業向海外布局,成為二十一世紀總體經濟發展的目標,亦為中國成立主權財富基金的濫觴。

壹、中國大陸主權財富基金之發展背景

由於中國每年產生大量的貿易順差,帶來極大的國際壓力,美國等西方國家認為中國政府以行政力量管制外匯市場,並刻意讓人民幣的幣值長期低估,以利中國商品在國際市場的低價競爭,進而創造大量出超與外匯存底。因此美國聯合主要工業國家,要求中國政府不能再以行政力量管制其外匯市場,讓人民幣的幣值真實反應外匯市場的供需。面對接踵而來的國際壓力,中國一方面採用微調的策略讓人民幣緩慢升值,另一方面則設法減少所持有的龐大的外匯存底,但是如表 4-1 所示,2006 年 2 月中國的外匯存底還是突破了 1 兆美元,超越日本而躍居世界第一。

由於外匯存底大幅增加,同時又要維持匯率的相對穩定,中國人民銀行(以下簡稱人行)被動收購了許多外匯,而投注了大量基礎貨幣,但由於實際的基礎貨幣需要量並不是那麼多,因此多出的部分就需要人行進行對沖。然而由於中國流動性偏多的問題甚為嚴重,使得人行之對沖操作難度日益加大。因此藉由成立主權財富基金,透過財政部發行 1.55 兆元人民幣的特別國債,來籌措 2,000 億美元的成立資本,由於此並非是透過人行發行貨幣來購買外匯存底,因此改變了過去的流動性投放機制,可以減緩流動性過剩的現象,並減輕人行對沖的壓力;另一方面,如此也可增加人行的貨幣

---

[1] 孫明德,「中國對外直接與主權基金投資之成效與展望」,台灣經濟研究月刊,第 31 卷第 5 期(2008 年 5 月),頁 64-69。

政策工具與空間，提高人行貨幣政策的自主性和有效性，並增加人行公開市場操作的工具選擇；第三，外匯存底從人行轉移到財政部後，可以減少人行所持有的外匯存底，進而趨緩外匯存底的增加速度。[2]

表 4-1　中國大陸外匯存底統計表

單位：10 億美元

年份	外匯存底	年份	外匯存底	年份	外匯存底	年份	外匯存底
1950	0.157	1965	0.105	1980	-1.296	1995	73.597
1951	0.045	1966	0.211	1981	2.708	1996	105.049
1952	0.108	1967	0.215	1982	6.986	1997	139.890
1953	0.090	1968	0.246	1983	8.901	1998	144.959
1954	0.088	1969	0.483	1984	8.220	1999	154.675
1955	0.180	1970	0.088	1985	2.644	2000	165.574
1956	0.117	1971	0.037	1986	2.072	2001	212.165
1957	0.123	1972	0.236	1987	2.923	2002	286.407
1958	0.070	1973	-0.081	1988	3.372	2003	403.251
1959	0.105	1974	0.000	1989	5.550	2004	609.932
1960	0.046	1975	0.183	1990	11.093	2005	818.872
1961	0.089	1976	0.581	1991	21.712	2006	1066.344
1962	0.081	1977	0.952	1992	19.443	2007	1528.249
1963	0.119	1978	0.167	1993	21.199	2008	1946.1
1964	0.166	1979	0.840	1994	51.620	2009	2399.2

資料來源：「中國歷年外匯儲備總表」，新浪財經網，2007 年 10 月 8 日，請參考 http://finance.sina.com.cn/focus/whtzgs/。
「中國外匯儲備餘額達 2 兆 3992 億美元」，中央社網站，2010 年 1 月 30 日，請參考 http://tw.stock.yahoo.com/news_content/url/d/a/100115/1/1uvx6.html。

---

[2]　「首期 6000 億元特別國債發行」，中國證券網，2007 年 08 月 30 日，請參考 http://www.sina.com.cn。

貳、中國大陸主權財富基金之發展過程

在此情況下如表 4-2 所示，中國第一個主權財富基金：中投，在經過不到二年的籌畫於 2007 年 9 月 29 日正式成立，規模為 2,000 億美元，成為全球第六大的主權財富基金。[3]

表 4-2　中國投資公司成立過程整理表

	年代	發展	內容
籌備階段	2006 年上半年	成立「專題研究小組」	1. 針對全球各主權財富基金進行研究。 2. 希望加強中國的外匯存底管理，增加外匯投資的管道。
	2007 年 1 月 19-20 日	在第三次「全國金融工作會議」中確定成立外匯投資公司	1. 堅持依法合規、有償使用、提高效益、有效監管的原則。 2. 實行政企分開、自主經營模式。
	2007 年 3 月 16 日	國務院召集 14 個部委成立「外匯儲備運用工作小組」	1. 由國務院副祕書長樓繼偉負責。 2. 決議由財政部發行特別國債來購買外匯存底作為資本，來設立中投。 3. 從事境內國有重點金融機構股權投資、境外金融產品直接投資，以保證國有資產的保值增值。
	2007 年 5 月 22 日	正在籌備中的中投進行首筆投資	投資 30 億美元購買美國黑石集團 4 年期之 9.3% 的無投票權股權

3　朱小明，「中國主權基金 CIC，套牢 54 億美元」，聯合晚報網站，2008 年 11 月 12 日，請參考 http://udn.com/NEWS/WORLD/WOR2/4556166.shtml。藍蔚迎、余慕薌、洪財隆，「東亞金融整合與與主權財富基金」，台灣經濟研究月刊，第 31 卷第 6 期（2008 年 6 月），頁 78-83。

	2007 年 6 月 28 日	第十屆全國人民代表大 會常務委員會第二十八 次會議通過由財政部發 行 1.55 兆人民幣特別國 債的議案	這一特別國債數額相當於約 2,000 億美元，成為中投的資金來源[4]
	2007 年 6 月 30 日	匯金公司併入中投	人行副行長吳曉靈指出，匯金公司 將併入「新成立的國家外匯投資公 司」
	2007 年 8 月	國務院原則同意成立 方案	1. 國務院批准成立中投籌備組。 2. 正式開展中投籌備工作。
	2007 年 9 月 29 日	中投成立	中投於北京新保利大廈正式掛牌 成立[5]
初步發展階段	2007 年 11 月	投資中國中鐵股份有限 公司 H 股	以 1 億美元購買 1 年期在香港聯合 交易所掛牌之中國中鐵 H 股票
	2007 年 12 月 19 日	購買摩根士丹利公司發 行的股權	1. 購買 56 億美元摩根士丹利公司 　發行的一種到期後須轉為普通 　股的可轉換股權單位。 2. 占摩根士丹利當時股本約 　9.86%。
	2008 年 5 月	委託美國 JC · 弗勞爾 斯 投 資 公 司 （ J. C. Flowers & Co）投資境 外金融機構	中投與 JC · 弗勞爾斯投資公司簽 署了 32 億美元的委託投資協定，[6] 合作成立境外投資基金，該公司也 把相當數量的自有資金投入此基金

---

[4] 維基百科，「中國投資有限責任公司」，維基百科網站，2009 年 7 月 12 日，
請參考 http://zh.wikipedia.org/wiki/%E4%B8%AD%E5%9B%BD%E6%8A%
95%E8%B5%84%E6%9C%89%E9%99%90%E8%B4%A3%E4%BB%BB%E
5%85%AC%E5%8F%B8。

[5] 「中投公司組建歷程」，中國證券報網站，2007 年 10 月 12 日，請參考
http://mnc.people.com.cn/BIG5/6372085.html。

[6] 「中投公司選定 40 億美元私募股權基金投資合夥人」，中國網，2008 年 4
月 6 日，請參考 http://big5.china.com.cn/news/txt/2008-04/06/content_143713
95.htm。

快速發展階段	2009 年 6 月 2 日	增加摩根士丹利股份	1. 利用股價較低的機會增加摩根士丹利股份 22 億美元。 2. 中投在摩根士丹利的持股比例仍維持約 9.86%。
	2009 年 6 月	投資澳洲古德曼（Goodman）房地產信託公司	投資澳洲最大的房地產信託公司達 1.59 億美元[7]
	2009 年 6 月	投資英國零售商「樂購」（Tesco）	持有英國最大零售商「樂購」0.5% 的股份，但不在其最大 30 家股東之列
	2009 年 6 月 17 日	中國再保險（集團）公司（以下簡稱中再集團）併入中投	1. 匯金公司控股的國企：中再集團，在中國保險監督管理委員會規劃下由中投進行管理。 2. 中再是中國唯一的再保公司，擁有再保險、直接保險、資產管理、保險經紀和傳媒等 6 家子公司。 3. 經國務院批准，匯金公司於 2007 年 4 月 11 日向中再集團挹資 40 億美元，並完成體制改革，使其資本在同業中位居亞洲最大、全球第五。
	2009 年 7 月 3 日	中投透過其全資子公司「福布羅投資有限責任公司」（Fullbloom Investment Corp.）投資加拿大泰克資源公司（Teck Resources）	1. 以 15 億美元收購泰克資源約 17%的股份。 2. 泰克以每股 17.21 加元的價格，將公司 1.013 億次級投票權 B 類股票出售給中投。[8]

---

7 劉煥彥，「中投全球獵才，海外投資點火」，經濟日報網站，2009 年 6 月 18 日，請參考 http://udn.com/NEWS/MAINLAND/MAI3/4968968.shtml。

8 邱詩文，「中投入股加國礦業一哥」，經濟日報網站，2009 年 7 月 5 日，請參考 http://udn.com/NEWS/MAINLAND/MAI3/5000093.shtml。

快速發展階段	2009 年 7 月	收購全球最大酒商帝亞吉歐（Diageo）1.1%的股權	收購金額約 2.21 億英鎊，成為帝亞吉歐第九大投資者[9]
	2009 年 7 月 22 日	中投董事會批准了中投公司「2008 年年度報告」	1. 這是中投自成立以來第一個發布的年度報告。 2. 其共分為七個部分，介紹了公司基本情況、企業文化與核心價值觀、公司治理架構、投資戰略（策略）與管理、風險管理、人力資源和 2008 年度完整的財務報告。
	2009 年 9 月 8 日	中國銀河金融控股有限責任公司（以下簡稱銀河金控）與中國銀河證券股份有限責任公司（以下簡稱銀河證券）併入中投	由匯金公司控股的銀河金控及銀河證券，由中國證券監督管理委員會（以下簡稱證監會）規劃後併入中投
	2009 年 9 月 30	購買哈薩克石油天然氣勘探開發股份有限公司（JSC KazMunaiGas Exploration Production）約 11%的全球存托憑證	中投透過其全資子公司「福布羅投資公司」進行投資，交易金額約 9.39 億美元
	2009 年 10 月 15 日	投資俄羅斯諾貝魯石油公司（Nobel Oil Group）45%的股權	1. 諾貝魯的股份中，香港東英集團持有 5%股權，俄羅斯股東持有剩餘的 50%股權。 2. 新設立的中俄合資公司名稱為「Nobel Holdings Investments Limited」。 3. 中投共投入 3 億美元，其中 1 億美元用於收購俄方股權；5 千萬美元投入中俄合資公司用於油田的日常運營開支。在第二階段，中俄合資公司將收購現有油田周邊的其他資產（約 1.5 億桶），共投入 1.5 億美元。

---

[9]　林茂仁，「中投入股全球最大酒商」，經濟日報網站，2009 年 7 月 22 日，請參考 http://udn.com/NEWS/MAINLAND/MAI3/5032501.shtml。

快速發展階段	2009 年 10 月 26 日	以 30 年期高級有抵押可轉債方式向加拿大南戈壁能源有限公司（ SouthGobi Energy Resources Limited）投資 5 億美元	1. 此是以中投的全資子公司「福布羅投資公司」名義所進行的投資。 2. 南戈壁是在加拿大上市的煤炭開採及勘探公司，其主要資產位於蒙古。
	2009 年 11 月 5 日	投資印尼布密公司（PT. Bumi Resources Tbk）19 億美元	1. 中投與該公司在採礦業方面進行合作。 2. 該公司也成為中投在印尼的第一筆重要投資。
	2009 年 11 月 5 日	以 8.58 億美元購買來寶集團（ Noble Group Limited）5.73 億股股票	1. 中投以每股 2.1137 新加坡元的價格購買來寶集團股票，合計約占該集團股份的 14.91%。 2. 該公司為提供農產品、工業產品和能源產品供應鏈的大型公司。
	2009 年 11 月 6 日	中投透過其全資子公司對美國愛依斯電力公司（AES Corporation）投資 15.8 億美元	1. 以每股 12.6 美元購買該公司 1.255 億股股票，中投持有該公司 15%的股份，並任命一名董事進入該公司董事會。 2. 擬投資 5.71 億美元購買愛依斯電力公司的風力發電子公司 35%股份。
	2009 年 11 月 19 日	購買保利協鑫能源控股有限公司 31.08 億股的股票（總投資額約為 55 億港元）	以每股 1.79 港元的價格購買，中投持有保利協鑫約 20%的股權，以開發太陽能發電專案或其他太陽能能源專案

資料來源：郭鳳琳，「中投公司組建歷程」，新浪財經網，2007 年 10 月 8 日，
請參考 http://finance.sina.com.cn/g/20071008/05134034888.shtml。
新浪財經，「中投 50 億美元投資大摩，不參與日常管理」，新浪財
經網，2007 年 10 月 8 日，請參考 http://finance.sina.com.cn/g/2007
1219/22054312933.shtml。
「新聞簡報」，中國投資有限責任公司網站，2010 年 1 月 19 日，
請參考 http://www.china-inv.cn/resources/resources.html。

一、匯金公司併入中投

　　中投成立後，2003 年 12 月 16 日所成立的匯金公司功成身退，成為中投旗下的全資子公司，扮演所謂「國有金融機構國有股份持有人和注資平台」的角色。事實上，匯金公司可以說就是中投的前身，其經國務院批准成立之後由人行和財政部共同監督管理，但由於承擔過多的「國家使命」，使其始終有定位與性質不明確的問題。例如成立之初就動用了外匯存底 225 億與 200 億美元，分別投資中國銀行、中國建設銀行與中國工商銀行的股份，[10]但這一投資不但讓國際金融界感到吃驚，更凸顯匯金公司的問題。因為透過匯金公司去打消國營行庫過度貸款所產生的呆帳，只是助長這些銀行繼續放貸，而無法根本解決問題；加上匯金公司挹注這些國有銀行後，被迫要介入銀行的興利除弊與制度改革，更是牽涉複雜。此外，包括銀河證券、銀河金控、申銀萬國、國泰君安等幾家券商後來也陸續得到匯金公司的注資。[11]

　　因此，如表 4-2 所示，從 2009 年 6 月開始，匯金公司所控股的中再集團、銀河金控與銀河證券，紛紛併入中投。而原本國際間認為匯金公司可以轉型為「中國的淡馬錫」，但因涉及許多部門的利益重分配與敏感之政治經濟問題，加上必須進行整個金融監管體系的制度變革，因此最終還是難以達成。如表 4-2 所示，2007 年召

---

[10] 劉亮，「中央匯金走向謎局」，新浪財經網，2007 年 3 月 19 日，請參考 http://finance.sina.com.cn/g/20070319/11233418968.shtml。

[11] 「國家外匯投資公司面臨六大挑戰」，中國經濟週刊網站，2007 年 3 月 20 日，請參考 http://news.xinhuanet.com/fortune/2007-03/20/content_5869777.htm。

開的全國金融工作會議，擱置了原本有關匯金公司轉型的各種討論，反而決定成立新的機制。

二、中投參考新加坡主權財富基金

基本上，中投所參考的是新加坡主權財富基金的經營與運作方式，一方面參考淡馬錫與 GIC，成立國家外匯投資公司來進行運作；[12]另一方面，在投資模式上則是參考淡馬錫，針對策略性產業進行直接控股管理，如此可以提昇獲利水準與國際競爭力，而較少採取 GIC 之金融投資組合的操作模式，[13]此將於第五章進行詳細分析。

三、可粗分為三個發展階段

如表 4-2 所示，中投的發展可以粗分為三個階段，從 2006 年上半年至 2007 年 9 月 29 日的中投正式成立，是屬於「籌備期」，其對外投資多為實驗性質。2007 至 2008 年是屬於「初步發展階段」，對外投資相對保守，僅購買摩根士丹利所發行的股權；至於 2009 年則是「快速發展期」，從 6 月份開始不但積極展開密集的對外投資，而且投資之產業以能源為主。這一方面顯示中國對於能源此一戰略物資的重視程度，而中投在其中扮演重要角色；另一

---

[12] 孫明德，「中國對外直接與主權基金投資之成效與展望」，頁 64-69。
[13] 陳家蓁、孫明德，「中國大陸對外直接投資與主權基金發展及可能限制」，**財稅研究**，第 41 卷第 2 期（2009 年 3 月），頁 163-174。

方面，則顯示中投在「籌備期」與「初步發展階段」所投資的金融產業在失利後，發現其專長可能並不在此，因此轉而投資能源產業。

參、中國大陸成立主權財富基金之預期目標

中投作為專門從事外匯資金投資業務的國有投資公司，其在成立時即被視為中國外匯管理體制改革的重要指標，因此中投董事長樓繼偉在成立大會上就表示：「成立中投公司是全面深化金融體制改革的一個重要的開放性舉措。中投公司將高度重視與各國監管機構以及同業之間的溝通、對話與合作，尊重國際慣例和規則以及投資地相關法律法規，堅持商業化運作原則，謀求互利共贏，在不損害商業利益的前提下增強公司透明度」。[14]表面上看來，提高外匯資產的投資報酬似乎是中投的主要任務，但事實上卻有經濟與政治兩個層面的目標：

一、經濟上的預期目標

(一) 藉由拓展外匯的運用管道和方式，來發展多元投資。
(二) 對中國國內金融機構注入資金，依法履行出資人代表之職責，實現國有金融資產的保值增值。
(三) 提高外匯資產經營的長期收益。

---

[14] 郭鳳琳謝聞麒，「樓繼偉：實行政企分開、自主經營、商業化運作」，中證網網站，2007 年 10 月 8 日，請參考 http://big5.xinhuanet.com/gate/big5/www.cs.com.cn/jg/07/200710/t20071008_1217205.htm。

(四) 除匯金公司外，投資以境外金融組合產品為主。

二、政治上的預期目標

(一) 緩解國有銀行與券商的諸多問題，避免發生連鎖性的金融風暴，以維繫統治的穩定性。

(二) 中投從事境外投資的獲利，對於中國國內若引發重大經濟危機或金融事件時，可以立即提供支援，以有效穩定因經濟因素所引發的政治不安。

(三) 將對他國之投資與否及金額高低，列為中國外交上的政治籌碼。

(四) 提高在國際上的政治與經濟影響力，以及在國際社會的地位。

(五) 若因境外投資而使得某國經濟或產業得以復甦，企業得以續存，則可避免失業擴大，進而塑造中國的正面形象。

(六) 透過境外投資瞭解受資國的政治與經濟情勢，除可進行情報搜集外，甚至可對該國相關政策予以影響。

　　基於上述政治與經濟目標，因此中投目前總的來說包括有以下三個部門：

（一）匯金公司

　　中投從人行手中所收購的匯金公司，繼續為國有商業銀行（包括中國農業銀行和光大銀行）注入資金並取得控股權，未來匯金公司將進一步規劃改制上市。

（二）子公司

匯金公司為中投的全資子公司，其旗下的「中國建銀投資證券有限責任公司」（以下簡稱「建銀投資」），負責對中國問題券商的注入資金和改造，並且處理不良資產，也是中投的子公司。而如表4-2所示，「福布羅投資有限責任公司」亦是中投的全資子公司，負責協助中投進行海外投資。

（三）海外投資

由中投之母公司，專門負責進行海外金融資產的相關投資。

基本上，匯金公司與建銀投資的業務是屬於「政策性投資」，肩負著中國官方對於商業銀行和券商改革的政策性任務，而中投母公司則是「策略性投資」，積極向海外進行經濟版圖的擴展。也因此在資金的運用上，中國財政部副部長、中投非執行董事李勇曾指出，中投計畫拿出 1/3 的資金投資匯金公司，1/3 的資金注資中國農業銀行和國家開發銀行，另 1/3 用於投資全球金融市場，由此可見中投用於海外投資的金額約為 600 至 700 億美元。[15]

---

15 「中投公司冒險道路：從美國黑石受挫到拯救大摩」，中國經濟網，2007年 12 月 30 日，請參考 http://big5.ce.cn/cysc/cysczh/200712/30/t20071230_14075346.shtml。

第二節　中國大陸主權財富基金發展
迄今所面臨的機遇與挑戰

中國的主權財富基金從成立迄今不過兩年多的時間，對於全球其他此類基金來說，僅能算是發展的初始期，因此勢必會出現許多問題，但另一方面對於中國來說也產生了若干正面效益。

壹、中國大陸主權財富基金發展迄今的正面意義

中國的主權財富基金發展迄今，所產生的正面效益如下所述：

一、對於中國大陸主權財富基金透明度之疑慮有所降低

過去中國外匯存底的執行與管理，都是由人行與外管局負責，[16]使得國際間有明確的證據指責中國以政治干預經濟，因此為有效改革外匯存底體制，使外匯存底的執行與管理能夠分離，達成政企分開、獨立經營之目標，成立了中投來負責外匯存底的執行與投資，至於外管局則負責外匯存底的管理與營運。不可諱言，中投的成立使其必須受到國際間的監督，透明度也被迫逐漸增加，雖然距離國際間的要求目標仍有相當大差距，但至少顯示中國努力在做。如表 4-2 所示，2009 年 7 月 22 日更發布了成立以來的首份年度

---

[16] 事實上外管局雖屬國務院，但實際上是由人行負責管理，是人行下的一個單位，目前局長易綱即為人行副行長兼任。

報告，[17]並且設立了對外公開的網站，顯示中投在國際的壓力下必須走向透明化，國際間長期以來對於中國的諸多疑慮與指責也有所減少。

二、中國大陸在全球金融風暴中塑造正面形象

自從 2006 年美國發生次級房貸風暴，歐美許多大型金融機構如雷曼兄弟、美林、花旗、美國銀行、德意志銀行、法國巴黎銀行都面臨經營上的危機。[18]在發生次貸風暴之前，歐美國家對亞洲國家的主權財富基金並不重視，且因有所疑慮而予以阻撓，誠如瑞士國家銀行副行長希爾德布蘭德（Philipp M. Hildebrand）指出，由於具有主權財富基金的國家，大量投資他國的私營企業，而其資本是從過去被視為邊陲的國家向中心國家流動，其背後的非經濟因素，讓許多已開發國家對此持保守態度，甚至產生保護主義。[19]然而在次貸風暴後，由於許多歐美金融機構急需出售資產以抵銷次貸之損失，亞洲的主權財富基金猶如雪中送炭，而中國的主權財富基金更扮演著重要的角色。

因此，中投已積極籌劃前往英國倫敦設立辦事處，以拓展在英國的金融市場；其他如日本、德國等國亦有意邀請中投前往投資，故中國以巨額的外匯存底作為後盾，在全球金融風暴中猶如救世

---

[17] 林庭瑤，「中投境外投資去年小賠」，經濟日報網站，2009 年 8 月 8 日，請參考 http://udn.com/NEWS/MAINLAND/MAI3/5065084.shtml。

[18] 陳世憲，「次貸風暴延燒，新興國家主權基金趨勢崛起」，台灣經濟研究月刊，第 31 卷第 6 期（2008 年 6 月），頁 53-59。

[19] Philipp M. Hildebrand, "The Challenge of Sovereign Wealth Funds", Lecture at International Center for Monetary and Banking Studies (Geneva: International Center for Monetary and Banking Studies, 18 December 2007), pp.1-17.

主，願意以自我虧損與人民的血汗錢來扶持他國企業續存，這對於中國的國際形象來說具有正面意義。例如 2009 年 7 月中投所入股的加拿大礦商泰克資源，該公司 2008 年曾因收購一家煤炭出口商而貸款高達 98 億美元，隨後遭遇全球經濟危機，由於金屬和能源價格下跌，使得泰克虧損十分嚴重，[20]中投的資金挹注不但挽救了此一全球冶金煤的生產巨頭，對於穩定加拿大的經濟助益相當明顯。

三、中投投資標的朝多元化發展

由於中投對於黑石集團與摩根士丹利的投資，在 2008 年金融風暴後虧損連連，因此 2008 年 12 月中投董事長樓繼偉公開表示，目前不敢投資西方國家金融機構，因為「我們不清楚他們遭遇了什麼問題」。[21]也因此從 2009 年開始中投改變投資標的，如表 4-2 所示，除了 2009 年 6 月上旬利用股價較低的機會增加摩根士丹利股份 22 億美元外，開始改投資其他產業。首先，於同年 6 月中旬投資澳洲最大的房地產信託公司古德曼達 1.59 億美元；[22]此外，持有英國最大零售商「樂購」0.5%的股份；[23]7 月上旬入股泰克資源，7

---

[20] 邱詩文，「中投入股加國礦業一哥」，經濟日報網站，2009 年 7 月 5 日，請參考 http://udn.com/NEWS/MAINLAND/MAI3/5000093.shtml。

[21] 楊泰興，「投資海外金融機構中投怕了」，工商時報網站，2008 年 12 月 4 日，請參考 http://news.chinatimes.com/CMoney/News/News-Page/0,4442,content+120603+122008120400390,00.html。

[22] 劉煥彥，「中投全球獵才，海外投資點火」，經濟日報網站，2009 年 6 月 18 日，請參考 http://udn.com/NEWS/MAINLAND/MAI3/4968968.shtml。

[23] 林茂仁，「中投入股全球最大酒商」，經濟日報網站，2009 年 7 月 22 日，請參考 http://udn.com/NEWS/MAINLAND/MAI3/5032501.shtml。

月下旬收購酒商帝亞吉歐 1.1%的股權，[24]9 月之後則密集投資能源相關產業。

　　這一方面顯示中投的投資標的已經從金融產業轉向其他產業外，另一方面則顯示中國對於天然資源的關注，特別是當各國都對於稀少性與策略性的天然資源需求迫切時，加上中國近年來大量進口原油與原物料，使得投資能源或礦業類股，可有效降低因原油與原物料價格上漲對中國的影響。因此，當許多媒體報導 2009 年 8 月中投擬投資澳洲第三大鐵礦石生產商 FMG 公司（Fortescue Metals Group Ltd.）時也就不讓人感到意外，雙方就超過 10 億美元的可轉換債券交易展開深入談判，藉此來支援 FMG 擴展業務。雖然此一投資案未獲證實，但卻再度顯示中投已經改變投資策略，轉向自然資源發展，因此不斷加快收購海外礦產資源。[25]

　　在 2008 年第四季，曾任美系私募基金的香港勝達國際集團（SICO）董事總經理的劉嘉霖，加入中投並擔任房地產投資業務的負責人。劉嘉霖曾擔任霸菱亞洲投資公司的財務長，在私募基金業具備豐富的股票投資經驗，這充分顯示中投進軍房地產投資的意圖。事實上中投評估，澳洲與英國等已開發市場的房地產業，會在 2009 年年底前觸底反彈，因此成為中投多元投資下之標的。[26]

　　誠如表 4-3 與圖 4-1 與所示，中投首席投資官是由總經理高西慶擔任，其具有豐富的海內外投資經驗。而其下共設有 5 個部門，

[24] 林茂仁，「中投入股全球最大酒商」，經濟日報網站，2009 年 7 月 22 日，請參考 http://udn.com/NEWS/MAINLAND/MAI3/5032501.shtml。
[25] 林庭瑤，「中投擬投資澳洲鐵礦」，經濟日報網站，2009 年 8 月 13 日，請參考 http://udn.com/NEWS/MAINLAND/MAI3/5074981.shtml。
[26] 劉煥彥，「中投不藏私大報明牌」，經濟日報網站，2009 年 3 月 7 日，請參考 http://udn.com/NEWS/MAINLAND/MAI3/4774491.shtml。

分別是「資產配置與戰略研究部」、[27]「相對收益投資部」、[28]「策略投資部」、[29]「私募投資部」[30]、「專項投資部」，[31]可以說是中投各一級單位中，下屬部門最多的，由此可見投資部門對於中投進行多元投資的重要性。

表 4-3　中投公司主要成員一覽表

職稱	姓名	現職	過去經歷	中投公司之黨委分工
董事長兼首席執行官	樓繼偉	國務院副秘書長	曾任國家經濟體制改革委員會（以下簡稱體改委）宏觀司司長、貴州省副省長、財政部副部長	黨委書記
總經理兼首席投資官	高西慶	全國社會保障基金理事會(以下簡稱社保基金)副理事長	曾任證監會首席律師和副主席、中國銀行（以下簡稱中銀）國際副董事長兼執行總裁、中銀港澳管理處副主任、證監會副主席	黨委副書記

---

[27] 「資產配置與戰略研究部」負責擬定和調整投資政策、戰略資產配置方案，管理總體投資目標，編制風險預算；跟蹤研究全球經濟、金融市場、重點行業、主要經濟體的發展動態；承擔投資決策委員會的秘書處工作。

[28] 「相對收益投資部」負責公開市場股票和固定收益產品之傳統投資業務；執行商品市場和貨幣市場策略；選聘、管理和考核相關的外部基金管理人；跟蹤研究相關市場發展動態；適時制訂、變更投資策略和投資組合。

[29] 「策略投資部」負責公開市場自營的資產管理業務以及絕對收益投資；選聘、考核相關的經理人；跟蹤研究相關市場發展動態；適時制訂、變更投資策略和投資組合。

[30] 「私募投資部」負責以委託、有限委託、跟投等方式的私募市場投資，以及房地產各類投資；選聘、考核相關的基金經理人；跟蹤研究相關市場發展動態；適時制訂、變更投資策略和投資組合；參與相關投資的運作與管理。

[31] 「專項投資部」負責單筆投資規模較大、集中度較高且計畫有較長時間的機會型主動投資，參與相關投資的運作與管理。

監事長[32]	金立群	匯金公司監事長	曾任駐世界銀行副執行董事、財政部世界銀行業務司司長、財政部副部長等，並於 2003 年 8 月 1 日出任亞洲開發銀行副行長	黨委副書記，原任胡懷邦在 2008 年 10 月出任交通銀行董事長後辭去監事長[33]
副總經理兼首席營運官	張弘力	財政部副部長	曾任財政部文教司副司長、預算司司長、部長助理	黨委委員
副總經理	楊慶蔚	國家發展和改革委員會（以下簡稱發改委）投資司司長	長期在發改委工作	黨委委員，2009 年 2 月兼任建銀投資董事長、法人代表[34]
副總經理	謝平	匯金公司總經理	曾任人行研究局局長、金融穩定局局長	黨委委員
副總經理	汪建熙	匯金公司副董事長	曾任證監會首席會計師、副秘書長	

資料來源：李箐，「中國投資公司今日正式掛牌」，新浪財經網，2007 年 9 月 29 日，請參考 http://finance.sina.com.cn/g/20070929/11304029838.shtml。
嚴峰，「亞行副行長金立群有望出任中投公司副董事長」，鉅亨網，2008 年 2 月 18 日，請參考 http://tw.money.yahoo.com/news_article/adbf/d_a_080218_2_tm9s。
「董事會」，中國投資有限責任公司網站，2010 年 1 月 19 日，請參考 http://www.china-inv.cn/governance/governing_bod.html。

---

[32] 中投監事會由 5 人組成，除監事長金立群外，還包括現任國家審計署副審計長令狐安、銀監會紀委書記王華慶、證監會副主席范福春以及中投公司監事會辦公室兼內審部總監崔光慶。匯金公司監事會由 3 人組成，分別是金立群、崔光慶及 1 名職工監事。李箐「金立群被任命為中投公司監事長」，財經網，2008 年 9 月 27 日，請參考 http://www.caijing.com.cn/2008-09-27/110016611.html。

[33] 胡懷邦在擔任中投監事長時，是擔任銀監會紀委書記，其曾任世界銀行集團副執行董事、財政部世行司司長、財政部副部長、亞洲開發銀行副行長。「交通銀行：銀監會已經批准胡懷邦任職該行董事長」，華爾街日報中文網，2008 年 10 月 30 日，請參考 http://chinese.wsj.com/big5/20081030/BCH006015.asp?source=channel。

[34] 「建銀投資人事與資產調整落幕」，財華網，2009 年 2 月 12 日，請參考 http://www.finet.hk/mainsite/newscenter_story.php?news=CNFINET&ncode=282486。

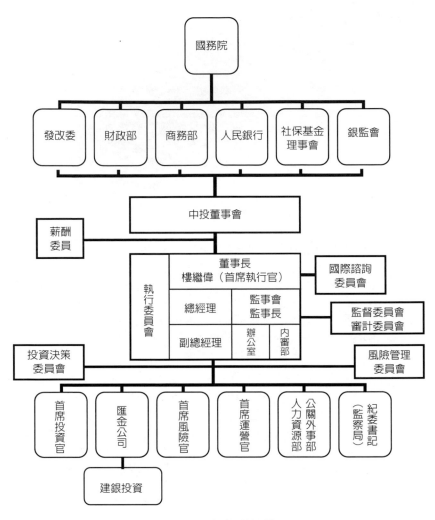

圖 4-1 中投組織架構圖

資料來源：參考林庭瑤，「中投官網上線組織全都露」，經濟日報網站，2008
年 9 月 24 日，請參考 http://udn.com/NEWS/MAINLAND/MAI3/45
30678.shtml。

「組織結構圖」，中國投資有限責任公司網站，2010 年 1 月 19 日，
請參考 http://www.china-inv.cn/governance/organizational.html。

四、中頭投國內投資獲利增長

　　中投在 2009 年 8 月所發布的首份年度報告中顯示，隨著全球經濟下滑和國際金融危機爆發，2008 年中投的境外投資的全球組合報酬率為-2.1%，表示中投的海外投資為負值；但中投子公司匯金公司在國內金融機構的股權投資收益，卻獲得顯著增長，使得公司整體資本報酬率達到 6.8%[35]，淨利潤為 231.3 億美元，[36]顯示中投仍有相當的投資績效。

五、中投投資決策趨於多角化策略思考

　　中投的投資決策可以發現日趨多元化，而且是從長遠的策略性角度出發，希望獲得更高的政治與經濟效益：

（一）國際投資與國內因素相聯繫

　　中投的各項投資，所考慮的因素已經逐漸將中國的國內問題與國際問題相聯繫，一方面使其投資所產生的效益擴大，另一方面也能提昇國內產業發展層次，增加輿論與民眾的支持。例如以中投於

---

[35] 林庭瑤，「中投境外投資去年小賠」，經濟日報網站，2009 年 8 月 8 日，請參考 http://udn.com/NEWS/MAINLAND/MAI3/5065084.shtml。
[36] 中央社，「中投：新興市場長期難成經濟成長火車頭」，中央社網站，2010 年 1 月 20 日，請參考 http://news.chinatimes.com/2007Cti/2007Cti-News/2007 Cti-News-Content/0,4521,50502584+132010012001223,00.html。

2009 年 7 月所收購的酒商帝亞吉歐為例，其投資的考量不只包括國際層面也包括中國內部因素，據飲料業研究集團佳納地亞（Canadean）的預測，中國是世界上成長最快的酒精飲料市場，從 2008 年至 2014 年，市場的規模將增加 176 億公升；帝亞吉歐 2008 年在中國成立「帝亞吉歐中國」（Diageo China），以擴大在中國市場的占有率，其預估到 2021 年，中國將超越美國成為全球最重要的酒類市場。事實上，帝亞吉歐是分別在紐約和倫敦交易所上市的世界五百強公司，也是全球唯一一家橫跨蒸餾酒、葡萄酒和啤酒三大酒類市場的企業，目前占有全球 30%左右的洋酒市場，擁有 100 個世界頂級酒類品牌中的 14 個，其中包括眾人皆知的約翰走路（Johnnie Walker）與 J&B。[37]中國在加入 WTO 後，目前其酒類市場仍受到保護而未開放，因此中投收購帝亞吉歐，一方面可以在未來各國競逐中國日益開放的酒類市場中具有「首占利益」，也就是在外商仍無法進入時先行布局，以防止中國酒類市場遭致外商瓜分；另一方面也藉此提高中國在酒類產業的生產技術與行銷技巧。

（二）強化中國金融產業的競爭力

　　誠如前述，中投轄下的匯金公司負責經營國內不良金融機構的資金挹注與改造，因此中投對於國外金融機構進行「策略投資」，藉由對於目標企業實施相對或是絕對控股的投資，[38]可以直接吸取其先進管理與經營技術，徹底改善中國金融產業的體質與國際競爭力。

---

[37] 林茂仁，「中投入股全球最大酒商」，經濟日報網站，2009 年 7 月 22 日，請參考 http://udn.com/NEWS/MAINLAND/MAI3/5032501.shtml。

[38] 張明，「中國投資公司的下一步」，中國投資（北京），2007 第 12 期（2007 年 12 月），頁 112-115。

（三）策略性直接投資的多重效益

當前中國國企多是透過併購方式獲得國外企業的經營權，例如聯想電腦投資 17.5 億美元收購 IBM 個人電腦事業部，使聯想一躍成為全球第三大個人電腦（PC）廠商；另一方面，中國手機廠商 TCL 也併購了美國家電大廠湯姆森（Thomson）與法國手機廠商阿爾法特，但卻也因為管理文化與經營路線上的差異而出現摩擦。因此中投透過策略性的直接投資，一方面可以獲得技術與品牌，另一方面可以避免直接參與經營的許多風險，更可在財務與非財務面獲得利益。[39]

（四）成立國際諮詢委員會

為了使中投的投資更趨於多元化，因此在 2009 年 7 月 5 日，成立了「國際諮詢委員會」，如表 4-4 與圖 4-1 所示，公告了 14 位諮詢委員會名單，並且在北京召開了第一次國際諮詢委員會議。該委員會是由國際知名學者專家所組成的非常設性機構，主要職能是對中投重大發展戰略（策略）、境外投資戰略（策略）與重大決策提供諮詢；增加中投對國際宏觀經濟形勢、全球金融市場、投資環境的瞭解，以拓寬決策思維。該委員會每年召開一次全體會議，秘書處則設在公關外事部，秘書長由公關外事部總監王水林兼任。[40]

---

[39] 陳家蓁、孫明德，「中國大陸對外直接投資與主權基金發展及可能限制」，頁 163-174。

[40] 「國際諮詢委員會」，中國投資有限責任公司網站，2010 年 1 月 19 日，請參考 http://www.china-inv.cn/governance/management_international.html。

表 4-4　中投公司國際諮詢委員會成員一覽表

姓名	國籍	資歷
曾培炎	中國	中國國際經濟交流中心理事長、國務院前副總理
錢穎一	中國	清華大學經濟管理學院院長、美國加州大學伯克萊分校經濟學教授
劉遵義	香港	香港中文大學校長
馬時亨	香港	香港大學經濟與金融學院名譽教授、香港商務及經濟發展局前局長
西室泰三	日本	東京證券交易所主席、東芝株式會社前董事長兼首席執行官
沈聯濤	馬來西亞	銀監會首席顧問、香港證券及期貨事務監察委員會前主席
艾民信 （David L. Emerson）	加拿大	艾民信服務有限公司董事長、加拿大外交部前部長、國際貿易部前部長、工業部前部長
弗拉加 （Arminio Fraga）	巴西	巴西交易所主席、巴西多維亞投資公司創始合夥人、巴西中央銀行前行長
傑諾 （Merit E. Janow）	美國	哥倫比亞大學國際經濟法與國際事務教授、納斯達克股票市場股份有限公司主席、WTO 最高上訴法庭前法官
桑頓 （John L. Thornton）	美國	美國布魯金斯研究院理事會主席、匯豐北美控股公司非執行主席、高盛集團前總裁
沃爾芬森 （James D. Wolfensohn）	美國	沃爾芬森公司董事長、花旗集團國際諮詢委員會主席、世界銀行前行長
凱爾 （Knut N. Kjaer）	挪威	風險計量集團總裁、挪威銀行投資管理部前首席執行官
勒米埃 （Jean Lemierre）	法國	法國巴黎銀行董事長顧問、歐洲復興開發銀行前行長
斯特恩 （Nicholas H. Stern）	英國	倫敦經濟學院教授、世界銀行前首席經濟學家

資料來源：整理自「國際諮詢委員會」，中國投資有限責任公司網站，2010 年 1 月 19 日，請參考 http://www.china-inv.cn/governance/management_ international.html。

貳、中國大陸主權財富基金所面臨的問題與挑戰

雖然中投的成立與運作受到國際間的矚目，但其所面臨的問題與挑戰，本文將從以下八個面向來加以探討。

一、定位並不明確

中投雖然是以投資收益為首要發展目標，但仍必須兼顧公共政策的功能，這成為難以徹底分割的難題，也是外界質疑的焦點。由於中國仍處於世界產業分工鏈的底端，勞力密集產業仍占相當比例，加上金融業的體質欠佳、服務落後與資產管理經驗缺乏，因此中投肩負著建立強大金融產業與提升國際分工的重責大任，甚至還有著若干民族復興和大國崛起的使命，但這有時會與獲利的目標相違背。此外，中投一方面既要追求超額報酬，實現外匯存底的保值與增值；另一方面又必須承擔中國宏觀經濟的發展風險，並且必需淡化其政治色彩與消除市場誤解，這使得中投的定位過於複雜，被賦予太多的負擔。

二、運行機制政府介入過深

由於中投是依中國「公司法」所設立的「國有獨資公司」，因此具有國有企業的種種先天限制。該公司的任何籌建細節，包括融

資方式、融資步驟、投資規模、投資方向等不但受到外界關注,更以政治角度來解讀。特別是由於中投具有獨特的政府背景,在對於已開發國家的「策略性產業或企業」進行股權投資時,往往被懷疑政府的角色,連中投監事長金立群都公開承認「不少國家的保護主義較為嚴重,部分還對中國企業戴著有色眼鏡,甚至說『中國企業太受政策影響』」,[41]其原因如下:

(一)組成人員強調「以黨領政」

中投作為一個「正部級公司」,自始以來與黨政部門的關係非常直接,其中特別是「黨」。誠如表 4-5 所示,以董事會來說,成員共 11 人,包括 3 名執行董事、5 名非執行董事、1 名職工董事以及 2 名獨立董事。其中,3 名執行董事為樓繼偉、高西慶和張弘力;5 名非執行董事為發改委副主任張曉強、財政部副部長李勇、商務部副部長傅自應、人行副行長劉士余與胡曉煉[42];2 名獨立董事是原財政部部長劉仲藜,中央財經工作領導小組辦公室主任王春正;此外,包含 1 名職工董事李炘。[43]

---

[41] 「金立群:鼓勵有競爭力民營企業走向國際市場」,鉅亨網,2009 年 6 月 24 日 請參考 http://news.cnyes.com/dspnewsS.asp?fi=\NEWSBASE\20090624 \WEB240&cls=index15_totalnews。

[42] 胡曉煉在 2009 年 7 月已經免兼國家外匯管理局局長。

[43] 李箐,「中國投資公司今日正式掛牌」,新浪財經網,2007 年 9 月 29 日,請參考 http://finance.sina.com.cn/g/20070929/11304029838.shtml。

表 4-5　中投公司董事會成員一覽表

職稱	姓名	現職	經歷
董事長	樓繼偉	國務院副秘書長	體改委宏觀司司長、貴州省副省長、財政部副部長
副董事長	高西慶	社保基金理事會副理事長	擁有美國杜克大學法學學位，美國註冊律師，曾在華爾街工作多年，曾任證監會首席律師和副主席、中銀國際副董事長兼執行總裁、中銀港澳管理處副主任、證監會副主席
執行董事	張弘力	財政部副部長	財政部文教司副司長、預算司司長、部長助理
非執行董事	張曉強	發改委副主任	駐美國大使館經濟參贊，國家發展計畫委員會（以下簡稱國家計委）外資司司長、秘書長
非執行董事	李勇	財政部副部長	財政部世界銀行業務司司長、世界銀行中國執行董事、中國註冊會計師協會秘書長，財政部部長助理
非執行董事	傅自應	商務部副部長	對外貿易經濟合作部利安達會計師事務所所長、計畫財務司司長、規劃財務司司長，商務部部長助理
非執行董事	劉士餘	人行副行長	中國建設銀行房地產信貸部副主任，人行銀行司副司長、監管二司司長、辦公廳主任、行長助理
非執行董事	胡曉煉	人行副行長兼外管局局長	外管局政策法規司司長、儲備管理司司長、副局長，人行行長助理
獨立董事	劉仲藜	中國註冊會計師協會會長	黑龍江省副省長，財政部副部長，國務院副秘書長，財政部部長兼國家稅務總局局長，國務院經濟體制改革辦公室主任，社保基金理事會理事長，全國政治協商會議常委、經濟委員會主任
獨立董事	王春正	中央財經工作領導小組辦公室主任與發改委副主任	國家計委綜合司司長、副秘書長、副主任
職工董事	李炘	中投人力資源部總監	航空工業部工程師，財政部辦公廳處長，新華社香港分社經濟部處長，國防科學技術工業委員會辦公廳副主任、財務司司長，國家國防科技工業局財務與審計司司長

資料來源：「董事會」，中國投資有限責任公司網站，2010 年 1 月 19 日，請參考 http://www.china-inv.cn/governance/governing_bod.html。

　　而中投公司的高層管理組織，如表 4-3 所示，即是由 7 人所組成的「執行委員會」（又有稱之為管理委員會），此被稱之為中投的「七人小組」，其負責公司的對外投資決策與日常經營管理。

　　可以發現，不論是董事會還是執行委員會，成員都是政府現任官員，也因此當中投掛牌之日，是由中共中央組織部副部長王爾乘到中投宣佈了人事任命，而董事長樓繼偉則在掛牌儀式上強調了「黨管人才」的原則。[44]然而在決策的過程中，如果發生重大投資事項或是人事更迭的爭議，由於董事會與黨委的人員並無完全重複，究竟是由董事會還是由黨委決定，目前仍不得而知。

　　不過可以發現，在董事會與執行委員會名單中發改委與財政部均有 3 席、人行占有 2 席，顯示對於中投決策的影響力較大，而在中投的管理階層中，有財政部背景與淵源者明顯多於人行。

（二）政府介入過深且交易成本高

　　如圖 4-1 所示，由於中投直屬於國務院，由副秘書長擔任董事長，因此在行政位階上並不在各個部委之下，雖然這代表其他部委只能與之協商而不能監管，但從上述中投的董事會與執行委員會名單可以發現，中投的任何重大決策仍受到發改委、財政部、商務部、人行、社保基金理事會與中國銀行業監督管理委員會（以下簡稱銀監會）等六個單位的影響。如此不但任何決策政府都進行直接的介入，而且因為必須兼顧以上各部委的利益，同時也需要各部委的配合與協調，因此包括協商、監督與考核的交易成本都非常高。

---

[44] 李箏，「中國投資公司今日正式掛牌」，新浪財經網，2007 年 9 月 29 日，請參考 http://finance.sina.com.cn/g/20070929/11304029838.shtml。

三、透明度仍受質疑

　　儘管中投盡力塑造其透明性的形象，也達到了相當程度的效果，但誠如歐盟經濟和貨幣事務專員阿爾莫尼亞（Joaquín Almunia）所指出：「除非主權財富基金變得更加透明，否則它們在歐洲的投資將受到限制」，這使得中投董事長樓繼偉被迫說明，在不損害商業利益的原則下，中投會適當增強透明度。[45]基本上，時至今日國際間對於中投的質疑仍然存在，例如長期進行主權財富基金研究的學者萊斯（Gerard Lyons）就認為，在他的分類中，中投至今仍是被界定為透明度低與進行策略投資的主權財富基金；[46]而當中投在2007年購買黑石集團股權時，也曾因為交易金額高達30億美元而讓美國政府感到不安。[47]

四、缺乏專業投資人才

　　從中投的高層來看，11 名董事會成員完全都是政府官員，執行委員會的 7 名成員中除了總經理高西慶外，均非投資管理機構的

---

[45] 李菁，「中國投資公司今日正式掛牌」，新浪財經網，2007 年 9 月 29 日，請參考 http://finance.sina.com.cn/g/20070929/11304029838.shtml。

[46] Gerard Lyons,*State Capitalism:The Rise of Sovereign Wealth Funds* (U.K.: Standard Chartered Bank, 2007), p.36.

[47] Francesco Guerrera,"Beijing to Buy Blackstone Stake for $3bn", Financil Times,May,21, 2007, http://www.sott.net/articles/show/132519-Beijing+to+buy +Blackstone+stake+for+$3bn。

頂尖專業人才。這也使得目前為止中投在境外的投資項目，多數呈現虧損的情況，也讓外界不禁質疑中投領導高層的專業能力。因此，除非大幅度引進專業團隊或委託外部基金管理人代為操作，否則中投這種缺乏專業投資人才的印象將揮之不去，外界對於中投的信心也會難以提昇。

雖然中投曾在 2008 年 9 月對外進行人員招聘，徵求從總體經濟研究到選股等 11 大類 30 個職位的人才，主要在於分析債券、房地產、外匯等市場，並且強調「誠邀來自不同國家、不同文化背景的英才加入」。[48]不過，由於中投是一家國有公司，使得員工的薪資待遇受到一定程度的限制，也無法與國際間相同等級的企業相較，因此較難吸引跨國性的專業人才；另一個方面是企業文化，中投基本上仍是重視層級的官僚機構，這與一般強調薪資與績效緊密聯繫的跨國投資公司來說是無法想像的，這也是許多國際級投資銀行家所難以接受。

五、面臨高度的國際投資風險

由於中投的決策體系中政府部門過多，在交易成本過大的情況下造成靈活度不足，無法因應瞬息萬變的國際經貿情勢變化，加上 2008 年後美國次貸風暴引發的全球金融危機，更提升了海外的投資風險，中投投資美國黑石集團與摩根士丹利的虧損嚴重就是實例。因此中投進行海外投資需特別謹慎，應注意適當分散風險，並且需要對投資對象的未來發展精準判斷，但這對於中投這樣的新進

---

[48] 林庭瑤，「中投全球獵才，瞄準華爾街菁英」，經濟日報網站，2008 年 9 月 24 日，請參考 http://udn.com/NEWS/MAINLAND/MAI3/4530518.shtml。

入者而言，還需要較長時間來熟悉市場。另一方面，中國的外匯存底約有 70%是以美元方式儲備，由於受到美元不斷貶值的影響，使得外匯存底增長受限，這對於中國主權財富基金的未來發展來說，恐怕也是一項隱憂。

六、欠缺詳細之法令規範

目前中國僅有在「中國人民銀行法」對於外匯存底的經營有原則性之規範，第四條規定人行履行之職責包括「實施外匯管理，監督管理銀行間外匯市場」，第三十二條規定人行有權對金融機構以及其他單位和個人「執行有關外匯管理規定的行為」進行檢查監督；而屬於外匯管理基本法規的「外匯管理條例」，對於外匯存底的運用也欠缺詳細規範，僅在第十條規定「國務院外匯管理部門依法持有、管理、經營國家外匯儲備，遵循安全、流動、增值的原則」。因此基本上在現行法律條文中，並無明確授權人行與外管局以外的機構，去從事外匯存底之經營管理。此外，中投也與「公司法」中「國有獨資公司」的規定有所歧異，因為誠如前述，中投的資金來源是透過財政部發行 1.55 兆元人民幣的特別國債，來購買 2,000 億美元的外匯存底，由於中投必須承擔此 1.55 兆元人民幣的利息，因此這 2,000 億美元恐怕並非資本而是負債，財政部也非中投的股東，這使得中投究竟實際資本額與真正股東為何，外界並不清楚。所以，中國應該在短期內補充與完善相關法令，以規範和控制外匯存底的管理運用。

七、國資委並未列入中投管理階層

　　雖然中投的董事會與執行委員會包括國務院六個單位，但是令人感到疑惑的是「國務院國有資產監督管理委員會」（以下簡稱國資委）卻不在其中，因為國資委是負責所有國有資產的管理，而誠如前述成立中投的主要目的即在於「實現國有金融資產的保值增值」，對於有問題的金融機構與券商進行挹注資金與進行管理，因此應該與國資委的職能有密切關聯。此外，根據「公司法」中有關「國有獨資公司」的規定，所謂「國有獨資公司」是指「由國務院或地方人民政府委託本級人民政府『國有資產監管管理機構』履行出資人職責的有限責任公司」，然而中投由國務院所成立，其董事會與執行委員會卻無同層級之「國有資產監管管理機構」參與。因此連許多大陸學者都感到質疑，中國社會科學院世界經濟與政治研究所張明教授就指出，國資委不在中投的組成單位中，「不知道這是巧合還是刻意為之」。[49]

八、承擔沉重收益壓力

　　中投目前規模為 2,000 億美元，這筆龐大金額是由財政部發行 1.55 兆元人民幣的特別國債來予以購買而注入中投，其過程如下：[50]

---

[49] 張明，「治理結構仍然缺乏透明度」，張明網站，2007 年 12 月 29 日，請參考 http://big5.ce.cn/gate/big5/blog.ce.cn/html/50/115250-63657.html。

[50] 李儀坤，「各國主權基金概況」，台灣經濟金融月刊，第 44 卷第 7 期（2008

(一) 財政部發行等額之特別國債來籌措人民幣，投資中投為資本。

(二) 中投以人民幣向人行購入美元外匯存底作為資產。

(三) 中投的資產負債表上，2,000 億美元既為負債亦為資產。

　　如上述過程可知，這實際上是把原本人行用於對沖的政策操作成本，從中央銀行（即人行）轉移到財政部，如此將使得貨幣政策對沖的成本更為明顯。另一方面，財政部發行 1.55 兆元人民幣的特別國債，目前中國 10 年期和 15 年期的特別國債利率分別在 4.3%和 4.5%左右，因此中投必須承擔此一利息；而中投以人民幣向人行購入美元後，由於人民幣兌換美元近年來每年升值幅度約在 5%左右，使得人民幣對美元也就必須承受 5%的升值壓力，加上中投在海外投資時，人民幣升值與其成本關係非常密切，此一匯兌損益亦構成中投的海外投資成本；最後，　加上公司自身運營的管理成本，這使得中投的綜合成本率已接近 10%。因此，當中投在進行國內外投資時，其預期報酬率必須在 10%以上才有實際利益，這對於中投來說壓力甚大。[51]這也使得中投偏愛投資「高風險、高收益」的金融產品組合，而非收益較慢的基礎設施投資，但卻也因此承擔了較高的市場風險。[52]事實上對於一家 2,000 億美元的超大型投資公司來說，巨大的成本壓力對於資金營運形成極大挑戰，然而中投這一個投資經驗較為不足的投資公司，要獲得 10%以上的年平均收益率，事實上並不容易。

年 7 月），頁 45-64。

[51] 李儀坤，「各國主權基金概況」，頁 45-64。

[52] 鄭凌雲，「2007 年主權財富基金境外投資概況暨 2008 年展望」，**國際金融研究**（北京），第 6 期（2008 年 6 月），頁 14-19。

第三節
中國大陸主權財富基金應該採取的作為

中國主權財富基金面臨當前的諸多問題，未來應該採取的具體作為如下七點所述：

壹、確定發展目標

中投當前不論在投資策略、治理結構、評價機制等方面均存在大量的不確定性，這種不確定性如果不能得到具體的改善，則中投的海外投資前景將會蒙上相當程度的陰影。因此，中投若要在國際金融市場成功運作，必須明確自身定位，分述如下：

一、應採商業模式運作

中投必須強調自主決策，堅守市場化、專業化、獨立化的運作原則，並且強調收益性。目前，中投的投資策略是混合型的，一方面代表中國政府進行對內投資，另一方面則是進行商業化的海外投資，但是這兩類投資在投資目標、策略選擇與績效評估等方面均有相當程度的差異，因而難以同時兼顧。

二、中投與匯金應進行分家

　　中投若要達到商業化、市場化的運作，實施單一投資策略是必要的，因此中投應該與匯金公司分立，使得兩者不具有任何意義上的股權關係與實質關聯。例如新加坡所成立兩個獨立的主權財富基金模式，就值得中國參考，由中投（類似新加坡的 GIC）負責海外投資，由匯金公司（類似淡馬錫）負責國內投資。在中投與匯金公司分立為兩個平行實體的情況下，加上中投能夠堅持市場化、獨立性、自主決策與運營，則有利於降低中投在海外投資所面臨的政治阻力。

貳、繼續強化外部管理所扮演的角色

　　當前中投所採取的是「自主投資」與「委託國際知名投資機構代為投資」相結合的方式進行運作，事實上當前許多主權財富基金，是將絕大部分資金交由「外部基金管理人」（external fund manager）的專業機構來管理。

　　誠如第三章所述，如此一方面可以充分利用這些外部基金管理人的專業優勢，獲得較高的投資報酬，另一方面也可獲得外部專業機構所提供的研究報告與投資管理經驗。此外，藉由外部管理可彌補政府投資機構中專業人才不足的問題，同時避免主權財富基金直接在國際金融市場中爭購資產，以減少所面臨的特殊市場與政治風險，因此，外部管理對多數主權財富基金來說是有需要的。

　　由於中投的人才團隊難以在短期內建立，在專業人才匱乏的情況下，藉由外部管理誠如上述既可以提高投資的預期報酬，還可得

到相關的專業資訊，以彌補自身的不足；而且有利於減輕中投資金的政治色彩，減少被受資國政府所敵視。例如 2008 年 7 月中投就透過全球招標的方式，將旗下的 800 億美元資金交給國際專業的金融機構來管理，以在全球金融市場進行資產配置；這隨即引發了相關機構的高度興趣，包括高盛、瑞士銀行、摩根士丹利等三家投信公司都希望競逐這塊大餅。[53]因此，中投應該繼續增加「委託國際知名投資機構代為投資」的比例。

參、繼續增加透明度

　　缺乏透明度始終是已開發國家對主權財富基金的主要批評，特別是中投更是受到質疑。不可否認，對於投資基金而言，高透明度代表容易被投機者所掌握，並且容易被預測出基金的投資風格和挑選投資對象的標準，進而易被投機者所利用，因此透明度與投資收益率往往是相互矛盾的。由此可見，如何在透明度和商業利益之間尋求平衡非常重要，所以中投應該在不損及商業利益的前提下，適當提高公司投資行為的透明度，其具體作法建議如下：

一、對於資訊應選擇性的公開

　　關於公司的治理結構，以及在資訊公開的已開發國家進行投資之相關資訊，沒有必要也不可能保密，因此可以考慮完全透明化；

---

[53] 大陸新聞中心，「中投 800 億美元資金，招標徵操盤手」，中時電子報網站，2008 年 11 月 9 日 請參考 http://news.chinatimes.com/2007Cti/2007Cti-News/2007Cti-News-Content/0,4521,110504+112008071000468,00.html。

而對於開發中或未開發國家的投資，若對外公開的風險很大，加上依照該產業慣例在投資過程中應該保密的時候，則可以在交易已產生確定結果後才進行訊息發布。

二、主動參與相關規範的制訂

中投應積極參與及共同制訂出當前主權財富基金的國際行為準則，並與其他主權財富基金溝通合作，加強與 IMF、世界銀行、ＯＥＣＤ、歐盟等國際性或區域性組織的緊密協調，共同建立良好的國際投資秩序，為中國爭取到平等的投資環境。

三、以商業方式運作避免控股

在投資已開發國家的策略性產業時，應進行商業模式的運作，以資本報酬率最大化為目標，不一定要追求直接或間接控股，以防止受資國「金融保護主義」的興起。事實上，當中投對黑石集團進行投資後，就曾引發德國的特別關注。[54]

四、內部決策的更加透明化

誠如前述，當前中投董事會與黨委的權責區分並不明確，因此應該向外公布其職能分工與重大決策程序。此外，如圖 4-1 所示，

---

[54] 陳世憲，「次貸風暴延燒，新興國家主權基金趨勢崛起」，頁 53-59。

中投所設置的「投資決策委員會」，其職能根據所公開的資料顯示包括：[55]

(一) 根據董事會和執行委員會所確定的投資政策與目標，批准「戰略資產配置方案」與「資產配置再平衡方案」。

(二) 決定各投資部門的投資範圍與許可權。

(三) 在執行委員會授權的範圍內，批准各部門所提交的投資事項。

(四) 定期聽取投資計畫的執行報告與批准投資計畫變更。

(五) 行使執行委員會授權的有關投資管理之其他職能。

　　表面上看來，投資決策委員會似乎是中投的決策中心，並應獨立於執行委員會之外，如此才能提供專業的投資與審查意見。但事實上，其卻是直接對執行委員會負責，主席是由首席執行官（即董事長）擔任，副主席由總經理擔任，因此似乎又與執行委員會疊床架屋而造成功能有限。

肆、培養國際政治經濟人才

　　基本上，專業的基金經理人團隊是任何一家基金公司最為重要的資產，由於中投的投資標的包括國外與國內，因此中投的投資人才，必須既瞭解國際又瞭解中國。此外，由於主權財富基金的影響層面包括政治與經濟，因此既需要豐富的國際投資經驗與敏銳的判斷力，也必須具有分析政治收益的能力。而當前中投的領導階層與成員中，多數為金融人才，對於複雜的國際政治較缺乏瞭解，因此

---

[55] 「投資決策委員會」，中國投資有限責任公司網站，2010 年 1 月 19 日，請參考 http://www.china-inv.cn/governance/management_investment.html。

中投應該積極自行培養與在全球招募國際政治經濟的整合性人才，一方面負責市場研究與風險控制等投資管理，另一方面加強國際政治專業知識的培訓，以提高基金投資管理的專業性。但是要在全球吸引專業人才，中投勢必要提供在全球具有競爭力的薪資與待遇。

此外，政府官員在中投管理人員中的比重應該逐步降低，以減少當前行政主導的情況，並且有利於減少國際市場對中投的疑慮。

伍、建立更完善的風險控制機制

在當前金融市場和金融產品日趨複雜的情況下，增加風險意識，並對風險進行測試、預警和防範是「科學投資」的關鍵。因此為了防止道德風險的發生，中投應建立一套嚴格的風險管理體系與改善公司治理的模式，在內部設立專門的風險控制部門，負責制定內部風險管理的政策與法令，嚴格進行風險評估，並且在投資過程中進行風險監控。

此外，為了獲取較高的投資報酬率，主權財富基金的內部風險管理與監督，應包括基金投資的所有過程。首先在投資前的風險評估，必須考慮投資的可行性，也為投資決策提供依據；其次，根據投資過程中的風險管理，評估外在金融市場環境的變化，以對投資組合進行迅速調整；最後，藉由投資後的風險管理來加強監督，並為後續投資提供參考。

因此當前，中投應以「分散風險，資產增值」為主要目標，積極建構全球化、多元化的資產組合，以規避風險，並獲得較為平穩的投資報酬。[56]基本上，多元化組合投資主要表現在兩個方面，一

---

[56] 王鐵山、郭根龍、馮宗憲，「主權財富基金的興起及我國的對策」，經濟縱

是具有不同風險、收益及流動性的投資工具組合，包括股票、固定收益證券、外匯、商品、貨幣市場、另類投資、房地產、私人股權等，均可考慮在資產組合中進行多元化的配置，此外應採取「漸進投資模式」而從風險低者開始著手，原則上風險從低到高的投資產品依序是國債、政府債、機構債、貨幣市場產品、房地產金融產品、公司債、實業公司股票、金融公司股票、衍生產品等，最後才是直接投資；[57]二是對海內外不同地區和行業的組合，從地域來看應該既包括制度完善的美、歐、日等已開發國家，也應包含經濟穩定發展的開發中國家，例如具增長潛力的俄羅斯、印度和巴西等新興市場。

　　而如圖 4-1 所示，中投所設置的「風險管理委員會」，其職能似乎相當完備，如下所述：[58]

一、根據董事會和執行委員會確定的風險管理要求，負責審議中投風險管理的戰略、制度和政策。

二、審定中投總體風險限額及分配方案。

三、審定全面風險管理報告和風險評估報告。

四、審定重大風險、重大事件和重要業務流程的評估標準、管理制度及內控機制。

五、定期評估中投資產配置的風險狀況及風險限額的執行情況。

六、審議風險管理策略和重大風險事件的解決方案。

七、審定執行委員會授權的有關風險管理的其他重大事項。

橫（北京），2007 年第 8 期（2007 年 8 月），頁 31-33。

[57] 盧嵐、鄧雄，「全球主權財富基金的發展動向及啟示」，**中國軟科學**（北京），2008 年第 11 期（2008 年 11 月），頁 17-25。

[58] 「風險管理委員會」，中國投資有限責任公司網站，2010 年 1 月 19 日，請參考 http://www.china-inv.cn/governance/management_risk.html。

照理來說，風險管理委員會應該是一個超然獨立的單位，以對於風險進行公正客觀的評估，提供中投決策時的參考。但是根據中投的相關規定，風險管理委員會卻是直接對執行委員會負責，並由首席執行官（即董事長）、首席運營官、[59]首席風險官和相關部門負責人所組成，可見其不過是執行委員會的下屬單位，這對於風險控制的效果來說，恐怕相當有限。此外，如圖 4-1 所示，首席風險官其下設有法律合規部與風險管理部，[60]但也是在首席執行官之下，因此似乎難以獨立超然的進行風險監控。

陸、完善相關法制的建構

鑒於當前中投的若干法律問題，以及中投管理主權財富基金的特殊性，中國實有必要為此專門制定相關法規。例如可以考慮制定「外匯資產管理法」、「國家外匯投資公司法」等，藉由立法模式對中投的法律地位予以確認。並且藉此規範中投與一般公司不同的法定職責、投資管理、公司治理等項目，分述如下：

---

[59] 在「首席運營官」下設有「運營部」、「財務部」與「信息技術部」，均為後勤支援單位。

[60] 「法律合規部」是負責中投的法律和合規事務，控制公司的法律風險，為中投各類業務提供法律支援，以保障公司資產和收益的安全性；保障公司投資及運作的外部合規，並配合公司其他相關部門，保障公司內部運作的合規性。「風險管理部」負責擬定公司風險管理政策框架；建立和維護風險管理系統，識別、評估和監控投資業務中涉及的各類風險；建立健全風險監測、預警及危機處理機制，提出重大風險解決方案；計算風險調整後收益，評估投資業績；承擔風險管理委員會秘書處工作。

一、在完善公司治理方面

應該明確中投有關董事的任命方式、擔任條件、職責、董事會規範等，使中投建立更為有效的公司治理機制。

二、規範投資範圍和資產組合

中投應應結合相關法律規定，對可投資資產的範圍與對投資產品的比例予以界定，特別是應該對高風險之資產比例進行最高的限制。

柒、成立「產業中投」的可能性

根據中國媒體報導，中國可能成立第二家類似中投的新公司，管理中央國有企業的資產，也可對有保留價值的國企直接注資，因此外界將其稱之為「產業中投」。這家專門管理中央國有企業資產的第二家中投，是由國資委進行規劃與推動，這恐怕也就是本文前述為何中投的董事會與決策組織中缺乏國資委的一種補救。基本上，這家「產業中投」的功能如下：[61]

---

[61] 林庭瑤，「新中投將主導大陸產業發展」，經濟日報網站，2009 年 3 月 2 日，請參考 http://udn.com/NEWS/MAINLAND/MAI3/4764182.shtml。

一、一方面可以處理不良資產，因此功能類似資產管理公司；另一
　　方面也可以對需要保留的企業進行直接注資，所以功能又類似
　　匯金公司。
二、該公司可以進行資產整合，如此將有利於相關國企的產業布局。

　　可以讓國資委按照市場運作去管理中央國有企業，而不必由國
資委直接面對企業。

第五章　新加坡與中國大陸
主權財富基金發展的比較

　　過去以來新加坡的主權財富基金,由於其卓越的經營績效與成功的管理模式,被視為全球此一基金的模範生。而不論是 GIC 抑或是淡馬錫,這兩大基金都建構出不同的發展與投資模式,除了相輔相成的提昇了新加坡在國際間的政治經濟實力外,而且將其收益還富於民。事實上,中國主權財富基金從成立以來就師法新加坡,因此新加坡的發展,對於中國來說有何啟示,兩者之間的差異為何,實有探究之必要。

第一節　新加坡主權財富基金的發展

　　新加坡雖然土地面積不大,建國歷史短暫,卻是全球重要的經濟體之一,且是成立最早的主權財富基金。而該主權財富基金不但資產規模在全球占有重要角色,更重要的是其經營績效與管理模式成為各國的仿效對象。但是另一方面,新加坡的主權財富基金也面臨了許多問題。

壹、新加坡主權財富基金的發展過程與現況

新加坡可以說是全球成立最早的主權財富基金，早在 1974 年淡馬錫就已經成立，1981 年 GIC 也隨之成立。根據 IMF 在 2008 年所公布的數據顯示，目前全球的主權財富基金中 GIC 排名第三，淡馬錫排名第八，[1]因此新加坡的主權財富基金在全球可謂是舉足輕重。

一、新加坡主權財富基金的資金來源與投資情況

淡馬錫與 GIC 兩家公司的資金來源，主要是政府的財政盈餘，所謂財政盈餘是指國家財政收入減去財政支出後的剩餘所形成之「財政準備金」。

而 GIC 的另一主要資金來源是公共基金與外匯存底，所謂公共基金就是「中央公積金」（central provident fund），新加坡政府規定凡是工作者均應每月與雇主共同提撥基金費用，彙繳至中央公積金以作為未來退休生活保障之需；公積金提撥費率依受雇者的年齡不同而有差異，以 35 歲在私部門的工作者為例，提撥費率為薪資的 20%，雇主則負擔 14.5%，合計提撥 34.5%。[2]由此可見，GIC 成

---

[1] 藍蔚迎、余慕薌、洪財隆，「東亞金融整合與主權財富基金」，**台灣經濟研究月刊**，第 31 卷第 6 期（2008 年 6 月），頁 78-83。

[2] 傅沁怡、雷盈，「彭淮南：設主權基金可採星國模式」，經濟日報網站，2008 年 11 月 12 日 請參考 http://udn.com/NEWS/FINANCE/FIN2/4548131.shtml。

立之目的在於追求公共基金的更高收益，藉由此一「退休準備金」建立更穩定之社會安全制度。

　　而在外匯存底方面，由於新加坡在 1971 年突破了 70 億美元，當時的總理李光耀認為外匯存底應該更有效率的管理，因此到了 1981 年 5 月將原本只是淡馬錫子公司的 GIC 獨立出來，[3]負責管理超過 1,000 億美元的外匯資產，此相當於新加坡外匯存底的 90%，而其年平均投資收益達 9.4%。[4]時至今日，新加坡的外匯存底以 2009 年 6 月為例達到了 1,731 億美元，排名全球第 11 名。[5]

　　基本上，淡馬錫與 GIC 的投資情況如下所述：

（一）淡馬錫投資對象國內與國外各半

　　淡馬錫可以說是新加坡最大的國有控股公司，直接管理 23 家國有企業，間接管理或控股的企業達 2,000 餘家，所控制國內公司的總營業額占新加坡 GDP 的 13%，因此其主要目的在於對新加坡的策略性產業進行控股管理，以提升新加坡企業的獲利水準與長期競爭力。[6]此外，也積極拓展海外的投資項目，主要以亞洲市場與已開發市場為標的，當前投資在海外的企業約 80 家，分別持有 5～100% 的股權。[7]

---

[3]　陳家蓁、孫明德，「中國大陸對外直接投資與主權基金發展及可能限制」，**財稅研究**，第 41 卷第 2 期（2009 年 3 月），頁 163-174。

[4]　MBA 智庫，「主權財富基金」，MBA 智庫百科網站，2008 年 10 月 12 日，請參考 http://wiki.mbalib.com/w/index.php?title=%E4%B8%BB%E6%9D%83%E8%B4%A2%E5%AF%8C%E5%9F%BA%E9%87%91&variant=zh-tw。

[5]　「外匯存底」Stock Q.org 網站，2009 年 10 月 12 日，請參考 http://www.stockq.org/economy/reserve.php。

[6]　蘇俊銘，「淺談主權財富基金」，**證券期貨月刊**，第 26 卷第 1 期（2008 年 1 月），頁 43-47。

[7]　關雪凌、劉西，「全球主權財富基金:現狀、原因與影響」，**中國人民大學學**

該公司所制定的投資策略是：將 1/3 的資金投入已開發國家的市場，如投資美林證券約 50 億美元、渣打銀行約 85 億美元；1/3 用於亞洲開發中國家，如馬來西亞電信、印度 ICICI 銀行、澳大利亞第二大電信公司 Optus 以及台灣的蘋果日報；剩餘的 1/3 留在新加坡本土，包括新加坡電信、新加坡航空、星展銀行、新加坡地鐵等企業，所持有之股票市價占新加坡股票市場約 47%，因此對新加坡的經濟具有強大的操控能力。[8]根據 2007 年 8 月 2 日所公布的「淡馬錫 2007 年度回顧」顯示，其在新加坡的投資額約為總投資額的 38%，而在新加坡以外的亞洲市場（不含日本）則達 40%。[9]而在其投資組合中包括九大行業，其中金融產業為 38%、通信媒體為 23%、運輸為 12%、不動產為 9%、其他包括基礎建設與工業工程、能源與資源、科技、生物科學、消費與生活為 18%。[10]

（二）GIC 投資對象以國外為主

至於 GIC，其投資組合也相當多元，包括股票、固定收益證券、貨幣市場工具、外匯、原物料與不動產等，其中股票約占 40%、債券占 30%、私募股權基金與中級房貸（alternative loan）占 30%。[11]

報（北京），2008 年第 5 期（2008 年 10 月），頁 72-79。

[8] 唐玉麟、陳洛薇、林上祚，「動用外匯，府建議成立主權基金」，中國時報網站，2009 年 2 月 12 日，請參考 http://news.chinatimes.com/2007Cti/2007Cti-News/2007Cti-News-Content/0,4521,110501+112008100100104,00.html。

[9] 王遠、劉笑萍，「經濟安全與主權財富基金投資動向研究」，廣東金融學院學報（廣州），第 23 卷第 6 期（2008 年 11 月），頁 91-100。

[10] 李儀坤，「各國主權基金概況」，台灣經濟金融月刊，第 44 卷第 7 期（2008 年 7 月），頁 45-64。吳鯤魯，「全球化前瞻策略：新加坡淡馬錫經驗」，台灣東南亞學刊，第 5 卷第 2 期（2008 年 10 月），頁 53-64。

[11] 李儀坤，「各國主權基金概況」，頁 45-64。

基本上，GIC 的投資對象是以海外市場為主，遍及全球 30 多個國家的 2,000 多家上市與未上市公司；其中約有一半的資金投資在美國及加拿大，1/4 在歐洲，另外 1/4 則在日本與東南亞國家。[12]當前，GIC 的海外投資金額達到 3,300 億美元，僅次於阿布達比投資局，阿布達比投資局約占全球各國政府海外投資比例的 2/3。[13]

由於 GIC 的資金來源包含退休準備金，為保障廣大退休民眾的生活，因此在投資策略上較為保守，採取的是穩紮穩打方式，以尋求穩定的報酬。[14]

二、新加坡主權財富基金的運作方式

誠如第三章所述，當前全球主權財富基金依據其管理方式，可以分為兩種。一是由財政部門委託中央銀行進行的「被動管理」，另一則是由財政部門成立專門的國家外匯投資公司進行「主動管理」，新加坡則屬於後者。

在新加坡的外匯管理制度中，金融管理局（Monetary Authority of Singapore,MAS）持有貨幣資產部分，主要用於管控匯率走勢、公開市場操作與作為新加坡幣發行的保證，其職能與其他國家的中央銀行相同；至於投資的部分則交由淡馬錫與 GIC 負責。[15]由此可見，新加坡政府是這兩家企業的唯一股東，這兩家企業則是

---

[12] 朱美智、忠世靜，「主權財富基金的興起及其影響」，**國際金融參考資料**，第 55 輯（2008 年 6 月），頁 1-31。

[13] 關雪凌、劉西，「全球主權財富基金:現狀、原因與影響」，頁 72-79。

[14] 朱美智、忠世靜，「主權財富基金的興起及其影響」，頁 1-31。

[15] 孫明德，「中國對外直接與主權基金投資之成效與展望」，**台灣經濟研究月刊**，第 31 卷第 5 期（2008 年 5 月），頁 64-69。

受財政部與金融管理局協議委託作為受託人，而對基金進行管理的企業，至於這兩家企業在性質上則都屬於「私人公司」（private company）。之所以註冊成私人公司，一方面是可以避免必須向公眾披露資訊的義務，而僅向股東公布資訊即可；另一方面是可以完全利用私人公司的治理機制來進行投資與操作。基本上，淡馬錫與 GIC 的投資與運作模式如下：

（一）淡馬錫的獨立運作模式

淡馬錫雖然是由新加坡財政部全資成立的公司，但是新加坡政府並不直接介入淡馬錫的商業決策，而是透過董事會對其進行監控，董事會則每年向財政部提交業績報告與支付股息。[16]其中董事會的運作模式與職能如下：

1. 董事多為民間與兼職身份

董事會的成員雖由財政部遴選，但除了一位為財政部常務秘書是官方成員外，其餘均為民間身份；[17]且除了「執行董事」（其兼任總裁）為專職外，其餘均為兼職。[18]

2. 專門委員會為董事會幕僚單位

董事會下設有 6 個專門委員會，包括執行、審計、薪酬、提名、預算與風險委員會，其中以執行與審計委員會最為重要，前者負責公司的經營與監督，後者負責財務報告、內部控制、財務風險與

---

[16] 朱美智、忠世靜，「主權財富基金的興起及其影響」，頁 1-31。
[17] 吳鯤魯，「全球化前瞻策略：新加坡淡馬錫經驗」，頁 53-64。
[18] 王遙、劉笑萍，「經濟安全與主權財富基金投資動向研究」，頁 91-100。

法規制度的監督檢查。[19]而董事雖為兼職，但仍兼辦各專門委員會的業務，至於專門委員會則負責提供董事會決策時的資訊與意見。[20]

3. 總裁由董事會授權負責實際經營

董事會不負責具體的經營業務，其透過授權予總裁，來領導企業的經營與管理，並藉由總裁與董事會所簽訂有關經營目標的契約，來達成此一授權。而總裁則是在授權的範圍內進行管理，其具有充分的經營自主權，包括員工的聘用、薪資的發放與投資項目的選擇等。[21]

（二）GIC 主導轄下子公司運作

GIC 也是由新加坡政府全資成立的資產管理公司，政府同樣不過問其具體經營，只設定基金管理目標，並對經營績效進行評估。GIC 則接受政府支付的費用與管理成本，藉以維持其運作。[22]

因此，GIC 與淡馬錫的運作模式相近，其董事會也是最高的決策部門，公司的日常管理也是由「執行董事」負責。但是與淡馬錫不同的是，董事會除了由星國內閣部長與知名企業代表所組成外，[23] GIC 各主要部門的主管也同時兼任公司董事，這些「主管

---

[19] 陳家蓁、孫明德，「中國大陸對外直接投資與主權基金發展及可能限制」，頁 163-174。

[20] 王遙、劉笑萍，「經濟安全與主權財富基金投資動向研究」，頁 91-100。

[21] 王遙、劉笑萍，「經濟安全與主權財富基金投資動向研究」，頁 91-100。

[22] 陳家蓁、孫明德，「中國大陸對外直接投資與主權基金發展及可能限制」，頁 163-174。

[23] 陳家蓁、孫明德，「中國大陸對外直接投資與主權基金發展及可能限制」，頁 163-174。

董事」除具有實際的操作權力外，也參與公司的重大決策，[24]因此
負責具體的經營業務。

而 GIC 為了分散風險與進行專業分工，在其下設置了不同投
資標的之子公司，GIC Public Markets 負責投資公開市場，GIC Real
Estate 負責投資房地產，GIC Special Investments 則負責企業的直接
投資。其中以 GIC Public Markets 的投資金額比重最高，主要投資
於歐美市場的股票、債券與貨幣市場的工具；GIC Real Estate 與
GIC Special Investments 雖然投資金額比重較少，但在國際規模上
仍然名列前茅。[25]

至於淡馬錫旗下也設有 21 家子公司，如吉寶集團、新加坡發
展銀行（DBS）、新加坡航空、新加坡電信、海皇航運、港務集團、
新加坡電力與新加坡科技等，[26]例如 2007 年其全資子公司 Lenter
曾經欲投資中國東方航空公司而未果。[27]但與 GIC 不同的是，淡馬
錫與子公司是相互獨立的，集團不干預子公司的運作，子公司的管
理依據「公司法」而與一般商業公司相同，但是 GIC 高層卻是直
接參與子公司的投資決策。[28]

如表 5-1 所示，淡馬錫與 GIC 在職能與發展方面，具有相當的
差異。

---

[24] 王遙、劉笑萍，「經濟安全與主權財富基金投資動向研究」，頁 91-100。

[25] 陳家蓁、孫明德，「中國大陸對外直接投資與主權基金發展及可能限制」，
頁 163-174。

[26] 吳鯤魯，「全球化前瞻策略：新加坡淡馬錫經驗」，頁 53-64。

[27] 鄭凌雲，「2007 年主權財富基金境外投資概況及 2008 年展望」，**國際金融
研究**（北京），2008 年第 6 期（2008 年 6 月），頁 14-19。

[28] 陳家蓁、孫明德，「中國大陸對外直接投資與主權基金發展及可能限制」，
頁 163-174。

表 5-1　淡馬錫與 GIC 職能比較表

	淡馬錫	GIC
員工人數	300 人	900 人
資金來源	財政盈餘	財政盈餘、公共基金與超額外匯存底
投資對象	國內與國外兼顧	以國外投資為主
投資策略	進行較高風險的投資	進行低風險投資
投資目的	1.獲得較高投資報酬。 2.增進本國企業的競爭力。	獲得穩定之報酬
董事會的董事職權	董事為兼職，負責各專門委員會的業務，不負責具體的經營業務	董事除由內閣部長與知名企業代表兼任外，亦包括 GIC 各主要部門主管，後者負責具體的經營業務
與子公司的關係	不介入子公司運作	直接參與子公司的運作

資料來源：筆者自行整理

三、新加坡主權財富基金的政治經濟成效

　　新加坡的主權財富基金發展迄今，其所產生的政治與經濟效果如下四點所述：

（一）良好經營績效舉世矚目

　　淡馬錫長期以來，一直以其獨特的運作模式與優異的業績，獲得全球投資者的肯定，該公司管理的投資組合淨值，已經從成立之初的 3.54 億新幣增加到 2007 年時的 1,640 億新幣，增加幅度高達

460 多倍。[29]2008 年更增加到 1,850 億新幣（相當於 1,340 億美元），年增率高達 13%。[30]此外，淡馬錫從 1974 到 2007 年的投資報酬率，每年平均超過 18%，[31]股東的年平均報酬率也超過 6.7%。[32]至於 GIC，從 1981 年以來，平均每年投資報酬率為 9.5%，扣除通貨膨脹因素後的平均實質投資報酬率為 5.3%。[33]由此可見，新加坡主權財富基金的經營績效相當優異，基本上達成了當初設置的目標，而淡馬錫因為採取風險較高的投資，因此其投資報酬率也高於 GIC。

（二）還富於民增加政府支持度

淡馬錫在 2007 年的獲利達到 182 億新幣（約 128.13 億美元），[34]是前一年 91 億新幣的一倍多，[35]如此使得新加坡的財政盈餘屢創新高，2008 年初政府決定還富於民而退稅給全民。[36]總理李顯龍提撥 18 億新幣（約 12.67 億美元），[37]分別在 2008 年 4 月和

---

[29] 葉家興，「中投公司帶來的機會與挑戰香港」，信報財經月刊（香港），第 367 期（2007 年 10 月），頁 32。

[30] 「淡馬錫下金蛋，新加坡政府屢發紅包」，MSN 新聞網，2008 年 8 月 27 日，請參考 http://news.msn.com.tw/news928421.aspx。

[31] 朱美智、忠世靜，「主權財富基金的興起及其影響」，頁 1-31。

[32] 余凌霄，「觀念平台：主權基金的重點」，中時電子報網站，2008 年 10 月 5 日，請參考 http://news.chinatimes.com/2007Cti/2007Cti-News/2007Cti-News-Content/0,4521,110514+112008100500054,00.html。

[33] 朱美智、忠世靜，「主權財富基金的興起及其影響」，頁 1-31。

[34] 約值新台幣 4 兆多元。

[35] 「淡馬錫下金蛋，新加坡政府屢發紅包」，MSN 新聞網，2008 年 8 月 27 日，請參考 http://news.msn.com.tw/news928421.aspx。

[36] 謝錦芳，「郭明鑑：台灣應效法星運用外匯存底」，中時電子報網站，2008 年 10 月 3 日，請參考 http://news.chinatimes.com/2007Cti/2007Cti-News/2007Cti-News-Content/0,4521,110502+112008100300244,00.html。

[37] 相當於 404 億新台幣。

10 月兩次分發給民眾，換算成新台幣一個人大約可領取 6,740 元，若是屬於弱勢族群的窮困人士或是老人，則每人可以獲得約 1 萬元新台幣；2008 年 8 月，又加碼而提撥 2.5 億新幣（約 1.76 億美元）。[38]由於新加坡政府的還富於民，讓國民不但毋須繳稅還可退稅，自然增加了民眾對於政府的支持，也使得長期執政的人民行動黨可以持續執政，而在野黨的發展空間則更為有限。

（三）吸引跨國公司進駐新加坡

由於新加坡主權財富基金的投資標的相當多元，包括金融、地產、交通運輸、物流、電信、媒體、能源、重大工程與科技等不同產業，不但使其影響力與日俱增，許多跨國公司也紛紛在新加坡設立區域總部，以增加可能的商業機會。此外，由於新加坡長期以來的經濟自由開放、法治基礎完備、政府部門重視廉能與效率，都使得其在面對中國快速崛起，以及上海、北京等大城市希望扮演亞洲華爾街角色的同時，仍能穩固其在亞太地區擔任跨國企業「營運中心」的地位。

（四）提高新加坡的國際政經地位

當新加坡的主權財富基金成為許多跨國公司的大股東後，使其在國際間的政治與經濟影響力大幅增加，特別是在全球爆發金融危機之後更為顯著，這無形中提升了新加坡的國際地位。

---

[38] 「淡馬錫下金蛋，新加坡政府屢發紅包」，MSN 新聞網，2008 年 8 月 27 日，請參考 http://news.msn.com.tw/news928421.aspx。

1. 挹注歐美搖搖欲墜的金融產業

根據統計從 2007 年 3 月到 2008 年 4 月的 14 個月中，全球主要的 8 家主權財富基金對美國華爾街的 6 家金融機構進行了 11 筆投資，金額達到 449 億美元，其中新加坡的主權財富基金占全球此類基金投資總額的 57%，達到 417 億美元而名列全球第一，超過居於第二的阿布達比投資局之 107 億美元，以及第三的中投公司 80 億美元。[39]

其中，GIC 於 2007 年 12 月以 97.5 億美元向瑞士銀行注資，以維持該銀行資產負債所需的資金，[40]持股達到 9.8%；[41]2008 年 1 月投資花旗銀行 68.8 億美元，持股達到 3.7%。[42]至於淡馬錫則著重投資英、美兩國的金融業，以英國來說，2007 年 8 月首先投資巴克萊銀行 19.2 億美元，持股達 2.1%；[43]2008 年 1 月增加渣打銀行的持股而從 18%到 19%，[44]並繼續投資巴克萊銀行 20 億美元而取得 19%的股份。[45]而對於美國，則鎖定美林證券，2007 年 12 月挹注 50 億美元；[46]2008 年 7 月美林因次貸風暴而虧損過於嚴重，

[39] 王遙、劉笑萍，「經濟安全與主權財富基金投資動向研究」，頁 91-100。劉鳳元，「主權經濟的發展與監管」，經營與管理（天津），2008 年第 7 期（2008 年 7 月），頁 66-67。

[40] 關雪凌、劉西，「全球主權財富基金：現狀、原因與影響」，頁 72-79。

[41] 鄭凌雲，「2007 年主權財富基金境外投資概況及 2008 年展望」，頁 14-19。李儀坤，「各國主權基金概況」，頁 45-64。

[42] 黃彥斌「全球主權基金的發展及可能影響之研究」，經濟研究，第 9 期（2009 年 3 月），頁 297-328。

[43] 鄭凌雲，「2007 年主權財富基金境外投資概況及 2008 年展望」，頁 14-19。

[44] 關雪凌、劉西，「全球主權財富基金:現狀、原因與影響」，頁 72-79。

[45] 「淡馬錫下金蛋，新加坡政府屢發紅包」，MSN 新聞網，2008 年 8 月 27 日，請參考 http://news.msn.com.tw/news928421.aspx。

[46] 朱美智、忠世靜，「主權財富基金的興起及其影響」，頁 1-31。李儀坤，「各國主權基金概況」，頁 45-64。

宣布將透過股票發行來籌資 85 億美元，結果淡馬錫再挹注 34 億美元，如此使其在美林的持股比率提高到 10%。[47]

2. 逆勢增加全球布局與投資

從 2008 年開始，淡馬錫不畏全球金融風暴，反而加重新加坡以外的投資比重，並且積極布局於美國、拉丁美洲與俄羅斯，這使得淡馬錫首次在亞洲以外市場的投資淨額達到 100 億新幣（約 70 億美金），而在亞洲以外市場的投資比例，也從 2008 年之前的 22% 增加到 26%。[48]如此，都使得淡馬錫的投資與影響層面，從原本的新加坡本土擴展到亞洲，甚至進一步到達美洲、歐洲，而新加坡藉由主權財富基金，也使其政治與經濟影響層面不斷擴散。

至於 GIC 在 2008 年時，於全球 10 個國家設有專門投資的經理人，其投資對象遍及 30 多個國家與超過 200 件以上的地產，範圍包括購物中心、飯店、學生宿舍、醫院等，其重要轉投資項目包括：台灣的國巨電子（持股 7.99%）、中國的睿富中國商業房地產投資信託基金、瑞士銀行（持股 7.9%）等。[49]因此新加坡以一個彈丸之島，藉由主權財富基金在國際上扮演舉足輕重的角色，影響力與重要性甚至超越許多軍事與政治大國。

---

[47] 吳慧珍，「美林籌資，淡馬錫再送炭 34 億美元」，中時電子報網站，2008 年 7 月 31 日，請參考 http://news.chinatimes.com/2007Cti/2007Cti-News/2007 Cti-News-Content/0,4521,120504+122008073100418,00.html。

[48] 「淡馬錫下金蛋，新加坡政府屢發紅包」，MSN 新聞網，2008 年 8 月 27 日，請參考 http://news.msn.com.tw/news928421.aspx。

[49] 林上祚，「淡馬錫整合官股股權規模越滾越大」，中時電子報網站，2008 年 11 月 12 日，請參考 http://news.chinatimes.com/2007Cti/2007Cti-News/2007 Cti-News-Content/0,4521,110502+112008100300245,00.html。

貳、新加坡主權財富基金發展的優劣勢分析

新加坡的主權財富基金發展迄今，其本身所具備的優勢與劣勢分別敘述如下：

一、新加坡主權財富基金的競爭優勢

新加坡主權財富基金之所以被許多國家認為是發展的典範，其具備的優勢如下所述：

（一）採取策略性管理而具積極主動性

根據第三章所述，主權財富基金根據其成立目的，可以區分成穩定型、沖銷型、儲蓄型、預防型與策略型，新加坡所採取的就是策略型，相較於前述四種類型，其運作更為積極主動，投資具有未來發展前景與潛力的企業，並且強調追求高額的績效。例如淡馬錫的投資範圍相當多元，憑藉多年積累的資金優勢，進入資金短缺的國家或企業。

（二）堅持商業化的經營原則

所謂商業化，誠如第三章所述，即主權財富基金的相關章程必須規範得非常明確，只追求商業目標，而不混雜政治性或社會性目標。誠如前述，新加坡主權財富基金成功的重要原因之一，就是政

府的主管部門，不過問公司的具體經營而只問業績，僅要求年終不得少於一定的報酬率。因此這種朝向商業化與市場化的發展，而刻意淡化政府角色與政治色彩的特點，成為其發展的競爭優勢。

（三）明確與股東、政府、子公司間的關係

誠如第三章所述，為確保商業化、專業化與獨立化，主權財富基金必須要在公司章程中，明確訂立該基金，與其他政府部門及民間單位間的關係。誠如前述，當前新加坡的主權財富基金是以「私人公司」的身份，透過「公司法」來明確規範與財政部、金融管理局、其他政府部門與子公司間的關係。

（四）組織與員工強調專業性

誠如第三章所述，主權財富基金的內部組織架構、治理模式與管理團隊如何建立，也是相當重要的議題，因為此攸關該基金的經營績效。例如 GIC 與淡馬錫，都採取私人投資公司的組織，避免採取政府行政機關的架構，以防止組織僵化與效率低落。因此，新加坡的主權財富基金員工中公務員甚少，多數為跨國籍的金融專業人才。

（五）風險管理作為慎密嚴謹

主權財富基金在追求高報酬的同時，也會帶來高風險，例如在2005 至 2006 年之間，淡馬錫鑑於中國建設銀行與中銀即將在香港

上市的利多因素而增加持股，但隨即在 2007 年 10 月脫售而獲利了結，[50]然而在高獲利的情況下所伴隨的卻是高風險。

　　當前，淡馬錫會根據不同的風險類型，制定針對性的風險控制策略，其將風險分為三類：策略風險、財務風險與經營風險。其中針對策略風險，淡馬錫調整投資組合，並進行跨地域、跨行業和跨時段的投資平衡組合；針對財務風險，其內部風險控制部門每月評估集團的投資風險，每日評估下屬基金公司的投資風險；針對經營風險，其內部審查部門每 18 個月會輪流審查公司的各部門，法律部門則負責監督各部門的違規情況。[51]至於 GIC，為規避風險其對單一資產占總投資之比重均不超過 10%，因此 GIC 的投資國家多達 40 多個，並且涵蓋各主要國家貨幣；而其對於資產與負債部分的持有也採取「免疫策略」，納入不同幣別與存續期間（duration），這使得單一國家或幣別資產之非系統風險，可以有效的分散。而即使是發生風險，也可以透過部分對沖以減少損失，因此這種投資策略與一般以營利為目的之民間企業來說並無差異，但卻與政府部門「防弊重於興利」的立場大相逕庭。[52]

（六）善於利用委外投資

　　除了自行操作外，新加坡的主權財富基金也將部分資產委託給外部法人機構代為管理，或者與外部機構合作管理，這使得投資決

---

[50] 吳鯤魯，「全球化前瞻策略：新加坡淡馬錫經驗」，頁 53-64。

[51] MBA 智庫，「主權財富基金」，MBA 智庫百科網站，2008 年 10 月 12 日，請參考 http://wiki.mbalib.com/w/index.php?title=%E4%B8%BB%E6%9D%83%E8%B4%A2%E5%AF%8C%E5%9F%BA%E9%87%91&variant=zh-tw。

[52] 孫明德，「中國對外直接與主權基金投資之成效與展望」，頁 64-69。

策更為靈活而多元，且也可使新加坡對於相關投資法人機構具有一定的影響力。

二、新加坡主權財富基金的發展劣勢

新加坡的主權財富基金發展迄今，仍然有若干的問題必須加以克服。

（一）資訊不對稱所形成之政經風險

誠如第三章所述，主權財富基金的投資，通常結合了的政治與經濟目的，如此使得資訊公開和透明度方面都較為欠缺。例如淡馬錫在 2009 年 2 月 7 日突然無預警宣布，該公司總裁何晶決定卸下職務，由於拒絕說明其原因，使得外界資訊甚為有限而傳言紛紛，多數揣測此應與何晶是星國總理李顯龍妻子的特殊政治背景有關，因為如此總使外界認為淡馬錫有政經不分與家族企業的疑慮，所以下台避嫌；此外亦有傳言指出是因該公司從 2007 年 12 月開始以超過 50 億美元的資金，注入美國的美林證券，結果卻在次貸風暴後損失慘重，因此何晶下台以示負責。[53]由此可見，新加坡主權財富基金在對外資訊不充分的情況下，造成投資者的風險增加，也難以進行充分的風險評估。

---

[53] 梁東屏，「淡馬錫換總裁，李顯龍妻下台」，中時電子報網站，2009 年 2 月 14 日，請參考 http://news.chinatimes.com/2007Cti/2007Cti-News/2007Cti-News-Content/0,4521,110504+112009020800237,00.html。

（二）引發其他國家的猜疑

由於新加坡迄今，並未被歸類為完全自由民主的國家，美國的非政府組織「自由之家」（freedom house）針對全球 193 個國家的「政治權利」及「公民自由」程度，每年均會進行評比分析，他們將評比等級分成 1 至 7，1 代表自由度最高，7 代表最低，而共分為「自由」、「部分自由」與「不自由」三個層級；2009 年 1 月 13 日所發布的「2009 年世界自由度」（freedom in the world 2009）調查報告中，新加坡的「政治權利」被評為 5，「公民自由」被評為 4，被列為「部分自由」的層級。[54]也由於政治領導階層的權力關係，使得新加坡主權財富基金在所有權與經營權的區分上，事實上並不徹底，其雖然聘請了許多專業人士甚至是外國人士擔任要職，但真正決策者仍與人民行動黨的領導高層，及其相關親族之間的關係甚為緊密。

1. 美國的擔憂與反應

誠如前述，從 2007 至 2008 年，當淡馬錫不斷把資金挹注到美國的美林證券後，使其在美林的持股逼近 10%，[55]然而如第三章所述，根據美國政府規定，外資若在美國企業的持股超過 10% 時，美國政府將展開國家安全層級的調查，所以淡馬錫投資美林證券一

---

[54] Freedom House，「Freedom in the World」，Freedom House 網站，2009 年 8 月 23 日，請參考 http://www.freedomhouse.org/template.cfm?page=363&year=2009。

[55] 吳慧珍，「美林籌資，淡馬錫再送炭 34 億美元」，中時電子報網站，2008 年 7 月 31 日，請參考 http://news.chinatimes.com/2007Cti/2007Cti-News/2007Cti-News-Content/0,4521,120504+122008073100418,00.html。

案，讓美國擔憂是否會造成其經濟安全上的危害，甚至可能形成新加坡與美國在金融產業上的利益衝突。

就是因為近年來新加坡主權財富基金投資美國金融業過於積極，因此造成美國國會反對聲浪四起。美國政府為免後患，第三章曾提及，2008 年 3 月與阿拉伯聯合大公國、新加坡就主權財富基金的投資基本原則，達成了三方協定。此一「華盛頓協議」強調阿、新兩國的主權財富基金，在美國的投資決策應基於商業目的而非地緣政治目的，應公布更多資訊，包括投資目的、目標、體系架構與財務等，應完善企業治理與風險管理體制、應與私部門公平競爭、應尊重受資國的法規與監理要求。[56]這也使得淡馬錫必須公開宣稱，當其投資各國指標公司時，不再取得控制性持股，而只擔任單純投資人。

2. 台灣的擔憂與反應

在 2008 年初，新加坡的主權財富基金曾透過外商銀行，大舉匯入資金進入台灣，準備逢低布局台股，但因金額太大，結果造成台灣匯市的大幅波動，[57]也因而挑起了台灣與新加坡之間政治經濟關係的敏感話題。

---

[56] 陳世憲，「次貸風暴延燒，新興國家主權基金趁勢崛起」，**台灣經濟研究月刊**，第 31 卷第 6 期（2008 年 6 月），頁 53-59。Ronald J. Gilson and Curtis J. Milhaupt, "Sovereign Wealth Funds and Corporate Governance: A Minimalist Response to the New Mercantilism", *Stanford Law Review*, Vol.60, No.5 (March 2008), pp.1345-1369. 王遙、劉笑萍，「經濟安全與主權財富基金投資動向研究」，頁 91-100。

[57] 羅兩莎，「主權基金危機中小額登台」，聯合報網站，2008 年 11 月 12 日，請參考 http://udn.com/NEWS/FINANCE/FIN4/4559684.shtml。

3. 東協鄰國的擔憂與反應

由於新加坡的華人背景，使得若干有排華潛意識的東南亞國家，對於新加坡的主權財富基金頗具戒心，特別是近年來淡馬錫積極投資東協鄰國的企業。例如 2002 年 5 月，原任職於新加坡科技集團的何晶，轉而擔任淡馬錫的執行董事，其將淡馬錫的投資對象大幅轉向海外，並宣稱投資標的將放在三大領域：全球網絡型企業、亞洲服務型企業與東協國家資源企業，[58]此舉隨即引發東協各國的高度緊張，擔心自身產業被新加坡併購與壟斷，甚至埋下了日後衝突的引爆點。

2006 年淡馬錫以 19 億美元的高價，收購泰國前總理戴克辛家族經營的電訊公司 49%股權；雖然戴克辛家族依法無須在交易中繳稅，卻仍遭反對陣營嚴厲批判，最終導致戴克辛遭政變推翻。[59]這除了引發泰國政局的激烈動盪外，也使得新加坡與泰國之間的關係蒙上陰影。另一方面，2008 年淡馬錫則持有「印尼流動電信公司」35%和「印尼衛星公司」42%的股權，由於此兩家公司占印尼行動電話市場的 75%而遭檢舉涉及壟斷市場，經「印尼商業競爭管理委員會」調查後，判定違反「印尼商業競爭法」，後經法院判決需支付約 160 萬美元的罰款。[60]由此可見，新加坡透過強大的主權財富基金幾乎壟斷了印尼電信產業，但印尼卻因為經濟實力懸殊而無法平等的進入新加坡，使得印尼不得不作出反應以求自保。

---

[58] 吳鯤魯，「全球化前瞻策略：新加坡淡馬錫經驗」，頁 53-64。

[59] 梁東屏，「淡馬錫換總裁，李顯龍妻下台」，中國時報網站，2009 年 2 月 14 日，請參考 http://news.chinatimes.com/2007Cti/2007Cti-News/2007Cti-News-Content/0,4521,110504+112009020800237,00.html。

[60] 康世人，「認定淡馬錫不當競爭，印尼最高院駁回上訴」，中央社網站，2009 年 1 月 31 日，請參考 http://tw.news.yahoo.com/article/url/d/a/080912/5/15t6y.html。

（三）是否受到外界監督說法不一

　　新加坡的主權財富基金是否受到國會、政府與民意的監督，由於資訊有限因此眾說紛紜。以 GIC 為例，有學者認為因為該公司受委託管理的部分是外匯準備，因此仍然受到國會的直接監管，並且必須向新加坡總統、總理提交財務報告，預算也必須經過總統認可，且總統有權隨時要求 GIC 提供有關公司的所有資訊；此外，GIC 的營利是受到新加坡「公司法」的規範，董事會與經營管理團隊必須向公眾提出營運報告。[61]但另一方面，也有學者認為 GIC 是依據憲法所成立的政府全資公司，因此不必向民眾與民意代表公布業績與投資策略，只需向總理與董事會報告，因為董事會是由星國內閣部長與知名企業所組成，具有足夠的內部控制能力。[62]由此可見，新加坡主權財富基金的決策透明度仍然是眾說紛紜，如此也增加了外界與投資者對於其未來發展的不確定性。

第二節　新加坡與中國大陸主權財富基金的比較

　　新加坡主權財富基金發展的成功經驗，似乎已經成為各國學習的典範，此對於中國之意義為何；作為亞洲地區的兩大主權財富基金，雙方發展之差異為何，如以下所述。

---

[61] 朱美智、忠世靜，「主權財富基金的興起及其影響」，頁 1-31。
[62] 陳家蓁、孫明德，「中國大陸對外直接投資與主權基金發展及可能限制」，頁 163-174。

壹、中國大陸向新加坡主權財富基金學習的原因

新加坡的主權財富基金與其他國家相較,積極朝向透明化與制度化發展,不但成為各國發展的楷模,而且事實證明此有助於其經營績效的提昇,其中淡馬錫誠如前述就曾經創下投資報酬率高達18%的佳績。因此,新加坡主權財富基金的表現不但對於新加坡政府的財源貢獻良多,而且還可以還富於民,進而增加民眾對政府的支持;此外,吸引了更多跨國公司進駐新加坡,並且提高了新加坡的國際政經地位。另一方面,GIC 與淡馬錫一求穩健另一求積極,一布局於海外一著眼於國內,一對子公司嚴密掌控另一採取放鬆,如此優勢互補與相輔相成的兩手策略,成為其他主權財富基金的仿效對象,其中特別是中國。

由於新加坡中的華人占了絕大多數,因此與中國之間在語言與文化上十分接近;加上新加坡的政治體制誠如前述並非完全的民主政治與政黨政治,人民行動黨長期一黨獨大的持續執政,言論自由也受到限制,但是另一方面則強調經濟發展、改善民眾生活、公務員的廉潔與效率、法治的落實,因此被稱之為「開明專制」或「新威權主義」的代表,這與中國所強調的「政左經右」路線相當接近。因此,中國的中投公司,是在 2007 年才成立,其在發展的過程中所參考的就是新加坡國家主權財富基金的經營與運作模式。誠如第四章所述,一方面參考 GIC 而成立國家外匯投資公司;[63]另一方面,在投資策略上則是參考淡馬錫,針對策略性產業進行直接控股管理。[64]

---

[63] 孫明德,「中國對外直接與主權基金投資之成效與展望」,頁 64-69。
[64] 陳家蓁、孫明德,「中國大陸對外直接投資與主權基金發展及可能限制」,頁 163-174。

貳、新加坡與中國大陸主權財富基金的比較

以下分別就新加坡與中國的主權財富基金發展，從不同層面進行比較，並請參考表 5-2 所述。

一、從資金來源來說

淡馬錫基本上是以財政盈餘為主，GIC 則除了財政盈餘外，另有公共基金與超額外匯存底；至於中國則是以外匯存底為主。而雙方的外匯存底都是來自於對外貿易的累積，而非如一般主權財富基金國家是販賣天然資源。

二、從投資對象來說

淡馬錫的投資對象是採取國內與國外兼顧模式，GIC 則以國外投資為主。至於中國的中投公司則與淡馬錫相同，投資對象包括了國內與國外，國內部份則以投資金融與保險產業為主。

三、從投資策略來說

淡馬錫所進行的是較高風險的投資，而 GIC 由於必須擔負提高該國公共基金的社會責任，因此是採取穩健而低風險的投資。至

於中國則與淡馬錫接近，是採取較高風險的投資，這包括投資國外的金融與能源產業。

四、從投資目的來說

淡馬錫的投資是希望藉此獲得較高投資報酬，並增進本國企業的競爭力；而 GIC 誠如前述因為擔負社會責任，因此其投資是希望獲得穩定之報酬，屬於「組合投資」。而對於中國來說，則較接近淡馬錫的「策略投資」模式，一方面希望獲得較高的投資報酬，並增進中國企業的競爭力，例如藉由投資國外金融機構以提高中國金融產業的管理能力與競爭優勢；另一方面從 2009 年 6 月以後，則積極投資能源等戰略性物資，以確保在全球能源逐漸減少的時候，確保中國的能源安全。

五、從投資組合來說

淡馬錫的投資投資組合共有九大行業，包括金融產業、通信媒體、運輸、不動產、基礎建設與工業工程、能源與資源、科技、生物科學、消費與生活；GIC 的投資組合也相當多元，包括股票、固定收益證券、貨幣市場工具、外匯、原物料與不動產等。至於中國的投資則較為簡單，目前是以金融與能源產業為主，並以購買股票為大宗。顯示中國因為發展較晚，在經驗有限的情況下，其投資組合較為單純，以降低不必要的風險。

六、從管理方式來說

新加坡與中國都是由財政部門所成立專門的國家外匯投資公司，並進行所謂「主動管理」模式。其中，新加坡是受財政部所委託成立，而中國則是由國務院成立，但其中財政部的角色相當明顯。

但是，新加坡的淡馬錫與 GIC 都是屬於「私人公司」的性質；而中投則是依中國「公司法」所設立的「國有獨資公司」，因此是屬於所謂的「國有企業」。

基本上，新加坡政府不直接介入淡馬錫與 GIC 的商業決策，其中淡馬錫董事會的成員均為民間身分，至於 GIC 的董事會成員較為多元，包括內閣部長、企業代表與 GIC 各主要部門主管。至於中投，其作為國務院下的一個「正部級公司」，不但與黨政部門的關係非常密切，更強調「以黨領政」，因此政治的介入相當直接。其董事會成員中的非執行董事均為國務院官員，執行董事表面上是中投的高階主管，但其實際身份也是政府官員。

七、從子公司數量來說

從有限的資料顯示，GIC 至少有 3 家子公司，淡馬錫則有 21 家。至於中投的子公司，從目前公開的資料看來，則有匯金公司、建銀投資與福布羅投資有限責任公司。由此可見，新加坡主權財富基金因為發展歷史較久，子公司數量明顯多於中國，使其投資更為彈性而多元。

八、從經營績效來說

淡馬錫從 1974 到 2007 年的投資報酬率，每年平均超過 18%，至於 GIC 從 1981 年以來，平均每年為 9.5%。[65]至於中投因成立時間較晚，並無長期的資料，在 2008 年的投資報酬率為 6.8%。[66]由此可見，新加坡主權財富基金的經營績效與中國相較，不但較佳而且相當穩定。

九、從員工組成來說

新加坡的主權財富基金員工中極少有公務員，多為在國際金融市場中所招募的金融人才，甚至許多高階主管基於專業考量並非新加坡國籍。而中投之高階主管，誠如第四章所述，其執行委員會成員多為公務員；雖然成立了「國際諮詢委員會」，並聘請國際間 14 位諮詢委員擔任顧問，但因該委員會為非常設性機構，集會時間甚為有限，因此實際功能不足。而中投在強調「黨管人才」的前提下，加上屬於國企而薪資欠缺彈性，甚至充斥官僚文化，如此都使得其員工的多元性與國際性有限。

---

[65] 朱美智、忠世靜，「主權財富基金的興起及其影響」，頁 1-31。
[66] 林庭瑤，「中投境外投資去年小賠」，經濟日報網站，2009 年 8 月 8 日，請參考 http://udn.com/NEWS/MAINLAND/MAI3/5065084.shtml。

表 5-2　新加坡與中國主權財富基金比較表

	新加坡	中國（中投）
資金來源	1. 淡馬錫是利用財政盈餘。 2. GIC 除了財政盈餘外，另有公共基金與超額外匯存底。	以外匯存底為主
投資對象	1. 淡馬錫是國內與國外兼顧。 2. GIC 以國外投資為主。	國內與國外兼顧
投資策略	1. 淡馬錫所進行的是較高風險的投資。 2. GIC 是進行低風險投資。	較高風險的投資
投資目的	1. 淡馬錫希望獲得較高投資報酬，增進本國企業的競爭力，故屬於「策略投資」。 2. GIC 以獲得穩定之報酬為目的。	1. 獲得較高投資報酬，增進本國企業的競爭力，屬於「策略投資」。 2. 增加能源等戰略性物資的投資。
投資組合	淡馬錫的投資組合包括九大行業，GIC 的投資也甚為多元	投資以金融與能源產業為主，較為單純
管理方式	1.採取主動管理，受財政部委託。 2.私人公司性質。	1.採取主動管理，受國務院委託。 2.國有獨資公司（國企）性質。
董事會	淡馬錫成員均為民間身分，GIC 則有少數政府官員參與	成員均為政府官員
政府介入	間接	直接
子公司	數量較多	數量較少
經營績效	良好	較低
員工組成	非公務員而為多國籍	多為公務員且為本國籍

資料來源：筆者自行整理

　　由此可見，中投與新加坡的淡馬錫，不論在資金來源、投資對象、投資策略、投資目的等面向，都相當接近，這也顯示中投的確是以淡馬錫作為其發展的參考。但是另一方面，中投與淡馬錫相

較，其投資組合較為單純、管理方式是屬於國有企業模式、董事會成員多為政府官員、政府直接介入企業運作、員工多為公務員而且是本國籍，則顯示兩者之間仍存在相當程度的差異，而這也是中投必須加以改進的地方。特別是中投的經營績效如果希望能與淡馬錫一樣突出，其勢必要擺脫目前「國企」的定位與管理模式，降低政治干預的程度，朝更加多元化與國際化的方向發展。

第六章　結論

　　本章將針對本研究之貢獻與發現進行總結式的探討，並且評估未來的可能發展，以及對於後續之相關研究提出建議。

第一節　研究貢獻與發現

　　本研究對於學術探究與實務政策分析上的貢獻，以及相關的發現如下所述：

壹、相互依存理論的價值與影響

　　本研究認為中國與新加坡主權財富基金可以透過「相互依存理論」進行探究，其價值與影響如下所述：

一、中國大陸與新加坡主權財富基金符合相互依存理論

　　首先，中國與新加坡主權財富基金投資其他國家的跨國公司，與受到國際組織的規範，顯示「非國家行為者」的重要性與日邊增；

其次，在 2007 年美國發生次貸風暴而隨即引發的金融危機中，中國與新加坡主權財富基金的影響力大幅增加，象徵軍事力日益被經濟力所取代；第三，中國與新加坡此類基金的海外投資，造成其他國家經濟安全上的疑慮，代表非軍事安全的重要性日益受到重視。而我們從中國與新加坡的個案探討中，也可以發現雖然各國之間是處於相互依存的關係，但是仍有機會出現衝突與零和競爭，雙方也可能產生不平等與不穩定的狀態。另一方面，本研究從「經濟激勵理論」的角度出發，認為中國與新加坡的確能夠扮演「主導國」的角色，透過主權財富基金給予某一「接受國」經濟上的利益，形成所謂「經濟激勵」的效果，但同時也可能反過來對某一接受國暫停或減少投資，以達到「經濟制裁」的目的。

另一方面，由於美國次貸風暴所引發的全球金融危機與經濟蕭條，使得掌握主權財富基金的國家開始趨於保守，甚至開始強化該民族國家財富與實力的累積，誠如第二章所述，中投董事長樓繼偉在 2008 年 12 月表示，面對全球金融危機與歐美金融機構接連傳出負面消息，中投已經沒有勇氣再投資海外的金融機構，[1]他指出「中國把自己的事情搞好，就是對世界經濟的最大貢獻」，[2]因此從相互依存理論的角度來看，主權財富基金在互賴的精神下，表面上成為其他國家的資金挹注來源，但事實上仍有其「自利」的考量。

---

[1]　林安妮，「中投在美投資虧損將攤提」，經濟日報網站，2009 年 1 月 12 日，請參考 http://udn.com/NEWS/MAINLAND/MAI3/4635614.shtml。

[2]　亓樂義，「中投：中國只能夠救得了自己」，中國時報網站，2009 年 1 月 31 日，請參考 http://news.chinatimes.com/2007Cti/2007Cti-News/2007Cti-News-Content/0,4521,110505+112008120400094,00.html。

二、相互依存理論具有相當之學術貢獻

　　本研究認為，相互依存理論對於學術領域的貢獻，首先是將非國家因素引入國際關係的研究中，並將其系統化，特別是古典自由主義經濟學所假設的是和諧之國際經濟關係，因此不存在衝突；而相互依存論則認為衝突的存在是必要的。其次，是將權力和相互依存整合起來，因而拓展了國際關係研究的視野，其將經濟利益與政治代價相互結合，並且從成本和收益的經濟學理論來分析權力。第三，是將國際機制和相互依存結合起來，為後來國際機制的研究與「新自由制度主義」（neoliberal instiyutionalism）的理論奠基。[3]

三、國家主義是否取代相互依存值得關注

　　未來，具重商主義色彩的理論是否比相互依存理論更具解釋力，值得持續關注。其中，特別是被稱之為「新重商主義」的「國家主義理論」（statist theories），由於其具有國際關係理論中的現實主義思維，因此又被稱之為「經濟現實主義」（economic realism）或「新現實主義」（neo-realism）。該理論認為民族國家仍然是國際體系的中心，藉由權力的分析方法，強調國家主權、安全與民族感情的重要性，因此未來的主權財富基金研究，是否必須藉由國家主義理論才能充分解釋，還需再作觀察。在國家主義理論中，吉爾平

---

[3]　王正毅、張岩貴，國際政治經濟學：理論範式與現實經驗研究（北京：商務印書館，2004 年），頁 132-133。

的「國家權力分析方法」為相關論述之代表，其認為國際體系有「核心區」與「邊緣區」之分，核心區是指在國際能發揮政治和經濟功能的民族國家，其具主導地位且是經濟增長區，往往透過「經濟擴散」而有利於邊緣區；核心區不但具備國際銀行與國際貿易的功能，並能藉由私人投資或對外援助，來為國際體系提供投資資本並促進發展。吉爾平認為，滿足上述條件者在十九世紀時僅有英國，在二十世紀時僅有美國。[4]如今隨著美國發生次貸風暴，其金融產業瀕臨破產的消息不斷傳出，若從國家主義理論的角度出發，二十一世紀這些中東產油國與亞洲新興國家的主權財富基金是否可能從原本的「邊緣區」走向「核心區」，則是未來值得深入探究之議題。

貳、主權財富基金會朝向更健康發展

主權財富基金是在 2000 年以後才迅速增加，固然其政治經濟影響逐漸明顯、經營規模迅速增加與投資方式日益多元，但不可諱言的是其發展迄今仍屬於初級階段，因此也產生了若干問題與爭議。然而值得欣慰的是各國主權財富基金雖然在設立動機、資金來源與管理模式均有所差異，但國際間已經開始研議共同解決相關問題的方案；而包括挪威政府退休養老基金、美國阿拉斯加永久基金、加拿大亞伯達傳統基金、馬來西亞國庫控股有限公司與新加坡的主權財富基金，其日益走向正軌與透明化，事實證明有助於投資

---

4   Robert Gilpin, *U.S. Power and the Multinational Corporation: The Political Economy of Foreign Direct Investment* (London: Macmillan,1975), p.48.

績效，故此勢必會成為其他主權財富基金的仿效對象。因此，本研究認為未來主權財富基金的發展，將更為健康而成熟。

參、主權財富基金凸顯第三世界影響力

　　雖然在美國次級房貸所引發的金融風暴下，中國等開發中國家的對外貿易出現衝擊，使得其主權財富基金的未來發展受到影響。但本研究認為只要石油等自然資源，在全球的分布情況仍然處於不均衡之狀態；只要若干已開發國家的各種公共基金，在國內仍缺乏有效率的投資管道，則這些原油、礦產等資源富裕的國家與挪威等福利國家，其主權財富基金的規模與數量仍會繼續增長；而美國智庫「外交關係協會」2009 年 2 月所公布由金融學者塞澤爾（Brad Setser）與潘迪（Arpana Pandey）所執筆的報告指出，中國外匯存底在 2008 年年底已達 1 兆 9,500 億美元，是日本的兩倍與俄羅斯的四倍，而全球經濟不振並沒有減少中國的外貿順差，由於商品價格滑落使其進口減緩的幅度高於出口下滑，而只要中國持續擁有貿易順差，加上市場預期心理而導致資金外流減緩，則其外匯存底仍會繼續累積，[5]因此包括中國在內的主權財富基金在可預見的未來，仍會在全球資本市場扮演重要的政治與經濟角色。

　　另一方面，由於中東與亞洲的主權財富基金，其背後所象徵的是伊斯蘭人與華人的崛起，以及第三世界國家的政治經濟實力，因此近年來已經引發歐美國家的不安，甚至帶有防備的心態。特別是這些第三世界國家的投資與操作思維，與西方國家有所差異；因此

5　中央社，「研究報告：中國是美國政府最大債權人」，中央社網站，2009 年 2 月 1 日，請參考 http://udn.com/NEWS/MAINLAND/BREAKINGNEWS4/ 4711600.shtml。

當他們投資西方國家的企業時，應該多去考慮西方的想法，至於被投資的企業也必須被迫調整自身立場，去適應新東家。

肆、中國大陸主權財富基金的發展值得關注

中國在二十一世紀正式加入了主權財富基金的浪潮中，隨著其在經濟上的持續發展與在國際經濟上的積極作為，極有可能在2012年成為擁有全球最大主權財富基金的國家。

一、中投應避免政治色彩

當前，中國的主權財富基金已經成為非常敏感之議題，因此中投應該堅持商業化運作，從法令、制度、文化、團隊、投資管理上盡量避免過多的政治色彩，減少不必要的國際關注。所以，當前中投最重要的不是積極進行具體的投資，而是應致力於內部機制的建設，藉由確立投資策略、風險容忍度、內部控制等一系列步驟，吸引專業人才加入；並透過專業化的運作，減少官僚機構的色彩。另一方面，應該從當前的「策略性投資」逐漸轉變為「組合型投資」，才能降低國際間對於主權財富基金「中國威脅論」的質疑。事實上，中國主權財富基金的境外投資，往往因為數額龐大造成市場無法預期的波動，加上政治敏感性而引發國際關注，許多受資國更擔憂核心產業之技術遭致外流，因此在許多資本市場都被投以特別的關注。

二、外管局恐成為「地下主權財富基金」

　　雖然中國在自由市場經濟和資本全球化、國際化的口號下，強調其主權財富基金發展的正當性與必要性，但是不可諱言的是，國際間最大的懷疑在於中國並不是民主國家，因為其投資具有明顯的政治性。根據英國「金融時報」2008 年 9 月的報導，事實上中國負責管理運作整體外匯的單位是國務院外管局，由於外管局行事甚為隱秘低調，迄今僅收購了多家西方企業的一小部分股權，也沒有投資任何高度敏感或具策略性的資產，因此對外沒有被視為是主權財富基金，但事實上卻是不折不扣的「地下主權財富基金」，掌控的資金甚至超過中投。從 2007 年開始，外管局透過香港的分支機構僅收購了包括英國石油（BP）、法國道達爾（Total）與三家澳洲銀行等上市公司的少量股份，但誠如在華盛頓的彼得森國際經濟研究所（Peterson Institute for International Economics）研究員杜魯門（Ted Truman）所說「當一個國家想避開審查時，它會透過像外管局一樣的機構運作資金，而非透過主權財富基金」，[6]因此中國的主權財富基金雖然透過中投使得其在國際上的形象有所改善，透明度也有所增加，但外管局所掌握的主權財富基金卻又讓人不禁質疑中國之政治目的。因此，除了 IMF 和 OECD 外，包括 WTO 也認為擁有主權財富基金的國家，其政府應該扮演透明的角色，國際間應該建構妥協機制。[7]

---

[6]　大陸新聞中心，「神祕外管局，中國外交伏兵」，中時電子報網站，2008 年 9 月 13 日，請參考 http://news.chinatimes.com/2007Cti/2007Cti-News/2007Cti-News-Content/0,4521,110501+112008091300060,00.html。

[7]　Aaditya Mattoo and Arvind Subramanian, "Currency Undervaluation and

2007 年 6 月 1 日中國透過外交部和外管局的合作，外交部長楊潔篪與我國前友邦哥斯大黎加外交部長烏加特（Bruno Stagno Ugarte）簽署協定，透過外匯存底買下哥國的 3 億美元政府債券並向哥國贈予 1.3 億美元，條件就是哥國需與我國結束長達 63 年的外交關係，並與中國建交。也因此在 2008 年 1 月，一方面外管局根據協定購買了 1.5 億美元的哥國政府債券；另一方面，外管局副局長方上浦與哥國財政部長在換函中，中國要求哥國「採取必要措施，避免向公眾披露此項協議的財務條款及外管局是這些債券的買家」，但是哥國財政部長朱尼嘉卻在 2008 年 9 月於最高法院憲法法庭上，公布中國購買哥國 3 億美元公債的詳情。因此，英國皇家國際問題研究所（Chatham House）亞洲議題高級研究員布朗（Kerry Brown）表示，「這令人對外管局的其他一些投資項目產生了懷疑。外管局正在一些地區收購知名企業的股權，上述事實將使這些地區的政界及商界人士感到擔憂」。[8]所以，中國當前一方面透過中投向外展現公開與透明的主權財富基金運作，但另一方面外管局又成為「地下主權財富基金」，而凸顯其政治角色，誠如愛森門與格力克所述，倘若主權財富基金引發不良的政治影響，將可能使許多國家被迫採取資本管制與「金融保護主義」，這勢必將阻礙金融全球化的發展。[9]金米特也認為，主權財富基金對於受資國的好處多

Sovereign Wealth Funds: A New Role for the World Trade Organization", *Policy Research Working Paper of World Bank*, No.4888 (July 2008), pp1-28.

[8] 大陸新聞中心，「去年中共砸外匯存底斷台哥邦交」，中時電子報網站，2008 年 9 月 13 日，請參考 http://news.chinatimes.com/2007Cti/2007Cti-News/2007Cti-News-Content/0,4521,110501+112008091300059,00.html。

[9] Joshua Aizenman and Reuven Glick, "Sovereign Wealth Funds: Stumbling Blocks or Stepping Stones to Financial Globalization?", *FRBSF Economic Letter*, 2007-38 (December 2007), pp.1-3.

寡，取決於這些投資在經濟目的上的程度，而非政治目的之達成。[10]

三、相互依存理論下中國大陸防範國外主權財富基金

當中國的主權財富基金積極走出去的同時，各國的主權財富基金也希望進入中國市場，近年來已有部分此類基金進行投資，如挪威政府退休養老基金、杜拜投資集團、卡達投資局、科威特投資局、淡馬錫等；此外，包括挪威、卡達、杜拜等主權財富基金也都在2007 年於上海設立了代表處，淡馬錫也已在上海、北京、香港設立代表處，這顯示全球主權財富基金對中國的投資將日趨增多。[11]因此，當中國不斷指責其他國家對於其主權財富基金採取限制措施的同時，也開始研擬防範國外此類基金的因應作為，一方面是在市場進入的安全審查上採取「對等原則」，並參考國外的投資委員會制度，將國家安全與保持競爭優勢放在維護國家利益的首位；另一方面是在主權財富基金的投資領域與控股程度上，對於涉及國家安全與產業安全的投資採取嚴格管制的原則，並對投資比例予以限制；第三則是加強對國外主權財富基金在中國境內的投資行為進行監測分析。

讓人覺得弔詭的是，當中國希望有效防範國外政府借由主權財富基金來達到政治、外交與經濟目的之同時，中國自己卻正透過此

---

[10] Robert M. Kimmitt, "Public Footprints in Private Markets: Sovereign Wealth Funds and the World Economy", *Foreign Affairs*, January/February 2008 (February 2008), pp.119-130.
[11] 盧嵐、鄧雄，「全球主權財富基金的發展動向及啟示」，**中國軟科學**（北京），2008 年第 11 期（2008 年 11 月），頁 17-25。

類基金向外擴張，這恐怕是經濟全球化發展下難以避免的現象，更充分體現互賴理論中各國既相互依賴卻又彼此防範的特殊情況。

伍、新加坡主權財富基金應繼續扮演典範角色

當前全球經濟受到美國次貸風暴影響之際，各國都需要資金的引進，因此這種有國家財力支持而資金雄厚的主權財富基金，在國際投資市場中的地位便水漲船高。特別是許多飽受影響的金融機構，因此新加坡主權財富基金的龐大資產與過去優異經營績效，在當前受到國際間更多的信賴。

一、新加坡主權財富基金的競爭優勢與劣勢

當前，新加坡主權財富基金的競爭優勢，本研究認為首先是其採取策略性的管理模式，因此與其他國家相較更具有積極主動性；其次，是堅持商業化的經營原則而避免成為政府機構；第三，是明確與股東、政府及子公司間的關係；第四，是其組織與員工強調專業性，而避免官僚化；第五，是其風險管理作為相當慎密嚴謹，並且善於利用委外投資；最後，是在次貸風暴後更加凸顯其影響力。

但是另一方面，新加坡主權財富基金在海外的積極布局，也讓許多國家感到憂慮。誠如前述，對於不同的國家而言，已開發國家對於經濟安全是採取「進攻型」的策略，而開發中國家則是採取「防守型」策略。[12]我們看到美國與德國都是採取積極而主動的態度來

---

[12] 王遙、劉笑萍，「經濟安全與主權財富基金投資動向研究」，**廣東金融學院**

維護經濟安全，透過各種法令與機制來管制主權財富基金的進入，這使得新加坡的主權財富基金在全球的布局與發展因而受限；至於鄰近的東南亞國家，雖然是採取「防守型」的態度，但誠如第一章所述若干學者也開始提出了「暫停決策權」的概念，就是當某一企業遭致某主權財富基金大量挹注後，該基金所持股權將無決策權，而當該股權移轉至非國家控制的私人投資者時，則該決策權就會恢復。[13]此外，資訊不對稱所形成之政經風險，以及是否受到外界監督的說法不一，也都成為新加坡主權財富基金的發展劣勢。特別是在 2007 年美國發生次貸風暴後，從 2008 至 2009 年新加坡的主權財富基金開始出現虧損，以淡馬錫為例，一年之間損失高達 278 億美元，金額相當於新加坡 GDP 的 18%，也相當於新加坡外匯存底的 16%；特別如美國的雷曼兄弟在倒閉之前，國際性金融機構進行資金挹注的金額高達 450 億美元，其中就包括淡馬錫，因此新加坡主權財富基金在這場金融風暴中可謂是損失慘重。[14]這一方面摧毀了新加坡主權財富基金至今從未虧損過的神話，另一方面也讓大家開始深思此類基金在運作上的問題。

　　但是總的來說，本研究認為新加坡主權財富基金的若干劣勢，是所有此類基金都有的普遍現象，因為只要其背後的股東是政府，就必然會有政治的敏感性，而新加坡與其他國家相較，其受到質疑的程度還是比較低的。加上競爭優勢非常明顯，使得劣勢尚不構成其發展的威脅。而當前經營績效不彰，固然有若干制度上的問題，

學報（廣州），第 23 卷第 6 期（2008 年 11 月），頁 91-100。

[13] 李翔、袁曉雨，「主權財富基金與次貸危機」，國家行政學院學報（北京），2009 年第 2 期（2009 年 4 月），頁 69-72。

[14] 工商時報社論，「從淡馬錫鉅額虧損談主權基金」，中時電子報網站，2008 年 10 月 25 日 請參考 http://news.chinatimes.com/2007Cti/2007Cti-News/2007Cti-News-Content/0,4521,11051403+122009080500256,00.html。

但主要還是國際經濟因素所致，因此當未來全球景氣逐漸復甦之後，相信以其過去以來的優異表現，發展還是非常樂觀的。

二、課責與透明可防止貿易保護主義

　　誠如經濟學家杜魯門所指出，過去十年許多政府透過主權財富基金快速累積了國際資產，但這些政府資產管理公司對於國際金融體系產生了若干問題，其中最重要的莫過於「課責與透明」的問題；此外，國家的策略目標也往往會介入資產管理之中，這使得經濟或金融並不是主要的管理原則，而是政治，並且以國家利益作為主要考量；然而如此所可能產生的政治對抗，卻會形成貿易保護主義。[15]因此，本研究希望新加坡能夠繼續扮演主權財富基金的領導者與示範者角色，帶領更多新興經濟體的主權財富基金，朝向更加健康、透明、課責與避免政治介入的方向發展，否則若發生政治對抗與貿易保護主義，將對於全球經濟發展帶來災難。

第二節　後續研究建議

　　當前，主權財富基金的投資標的可能在地球的另一邊，雖然彼此的空間距離遙遠與時間晝夜相異，但隨著網際網路、視訊會議與無線通訊等設備，其投資行為並無任何阻礙與限制。而隨著跨國交

---

[15] Edwin M. Truman, "Sovereign Wealth Funds: The Need for Greater Transparency and Accountability", *Policy Briefs of Peterson Institute for International Economics*, No.07-6 (August 2007), pp.1-9.

通的便利性提昇，各國主權財富基金的專業經理人，可以迅速而便利的前往投資標的之所在國進行深入瞭解，以解決可能的「資訊不對稱」（information asymmetry）問題。因此，未來主權財富基金可以從全球化的角度與理論進行分析。

　　特別是目前掌有主權財富基金的投資國，多為過去被視為是落後的第三世界國家，受資國反而是象徵先進的歐美國家，雙方在文化與政治制度上出現了相當的歧異，心態上更可能難以調整，甚至顛覆了人們過去的價值觀，這些都可以作為深入探究的議題。此外，這些投資國由於不是自由、民主與法治的國家，因此各種投資行為並不透明，所公開的資料其真實性也備受質疑，反而是受資國由於是民主體制，各種資訊均必須公開，這似乎形成了一種「不公平的競爭」，也可能造成受資國的經濟損失。

　　特別是本研究認為，當前對於主權財富基金的研究，多數是從政治與經濟的功利角度出發，欠缺從公平正義的批判角度切入。誠如第一章在文獻回顧時所述，季南教授的分析的確發人深省，當民主國家所接受到的主權財富基金挹注，是來自那些民不聊生、人權受害與人民被壓榨剝削的獨裁國家時，不知作何感想，這也凸顯出當前國際政治經濟架構下的矛盾與無奈。

參考書目

壹、中文部分

一、專書

王正毅、張岩貴，**國際政治經濟學：理論範式與現實經驗研究**（北京：商務印書館，2004 年）。

尚明、李仲周，**淺談關貿協定——重返關貿協定**（北京：經濟日報出版社，1992 年）。

二、學術期刊論文及書籍專章

文學，「我國主權財富基金的國際發展戰略研究」，**新金融**（北京），第 238 期（2008 年 12 月），頁 52-57。

王遙、劉笑萍，「經濟安全與主權財富基金投資動向研究」，**廣東金融學院學報**（廣州），第 23 卷第 6 期（2008 年 11 月），頁 91-100。

王霞、王曙光，「談主權財富基金與西方投資保護措施」，**經濟問題**（太原），2008 年第 6 期（2008 年 6 月），頁 110-112。

王鐵山、郭根龍、馮宗憲，「主權財富基金的興起及我國的對策」，**經濟縱橫**（北京），2007 年第 8 期（2007 年 8 月），頁 31-33。

朱美智、忠世靜，「主權財富基金的興起及其影響」，**國際金融參考資料**，第 55 輯（2008 年 6 月），頁 1-31。

吳鯤魯，「全球化前瞻策略：新加坡淡馬錫經驗」，**台灣東南亞學刊**，第 5 卷第 2 期（2008 年 10 月），頁 53-64。

李翔、袁曉雨，「主權財富基金與次貸危機」，**國家行政學院學報**（北京），
　2009 年第 2 期（2009 年 4 月），頁 69-72。

李儀坤，「各國主權基金概況」，**台灣經濟金融月刊**，第 44 卷第 7 期（2008
　年 7 月），頁 45-64。

林宣君、林詠喬，「淺述主權財富基金」，**證交資料**，第 548 期（2007 年
　12 月），頁 57-69。

孫明德，「中國對外直接與主權基金投資之成效與展望」，**台灣經濟研究月
　刊**，第 31 卷第 5 期（2008 年 5 月），頁 64-69。

張明，「中國投資公司的下一步」，**中國投資**（北京），2007 第 12 期（2007
　年 12 月），頁 112-115。

陳世憲，「次貸風暴延燒，新興國家主權基金趁勢崛起」，**台灣經濟研究月
　刊**，第 31 卷第 6 期（2008 年 6 月），頁 53-59。

陳家蓁、孫明德，「中國大陸對外直接投資與主權基金發展及可能限制」，
　財稅研究，第 41 卷第 2 期（2009 年 3 月），頁 163-174。

黃彥斌，「全球主權基金的發展及可能影響之研究」，**經濟研究**，第 9 期
　（2009 年 3 月），頁 297-328。

葉家興，「中投公司帶來的機會與挑戰香港」，**信報財經月刊**（香港），第
　367 期（2007 年 10 月），頁 32。

劉鳳元，「主權經濟的發展與監管」，**經營與管理**（天津），2008 年第 7 期
　（2008 年 7 月），頁 66-67。

鄭凌雲，「2007 年主權財富基金境外投資概況及 2008 年展望」，**國際金融
　研究**（北京），2008 年第 6 期（2008 年 6 月），頁 14-19。

盧嵐、鄧雄，「全球主權財富基金的發展動向及啟示」，**中國軟科學**（北京），
　2008 年第 11 期（2008 年 11 月），頁 17-25。

藍蔚迎、余慕薌、洪財隆，「東亞金融整合與主權財富基金」，**台灣經濟研
　究月刊**，第 31 卷第 6 期（2008 年 6 月），頁 78-83。

關雪凌、劉西，「全球主權財富基金：現狀、原因與影響」，**中國人民大學
　學報**，2008 年第 5 期（2008 年 10 月），頁 72-79。

蘇俊銘，「淺談主權財富基金」，**證券期貨月刊**，第 26 卷第 1 期（2008 年
　1 月），頁 43-47。

貳、英文部分

一、專書

Allen, Mark and Jaime Caruana, *Sovereign Wealth Funds: A Work Agenda* (Washington, D.C.: International Monetary Fund, 2008).

Cooper, Richard N., *The Economics of Interdependence: Economic Policy* in the Atlantic Community (New York: McGraw-Hill, 1968).

Deutsche Bank, *Sovereign Wealth Funds: State Investments on the Rise* (Frankfurt: Deutsche Bank, 2007).

Gilpin, Robert, *U.S. Power and the Multinational Corporation: The Political Economy of Foreign Direct Investment* (London: Macmillan, 1975).

Gilpin, Robert, *The Political Economy of International Relations* (New Jersey: Princeton University, 1987).

Grieco, Joseph M. and John Ikenberry, *State Power and World Markets: The International Political Economy* (New York: W.W. Norton and Company, Inc., 2003).

Guzzini, Stefano, *Realism in International Relations and International Political Economy* (London: Routledge, 1998).

Keohane, Robert O. and Joseph S. Nye, *Power and Interdependence: World Politics in Transition* (New York: Longman 2001).

Kern, Steffen, *Sovereign Wealth Funds: State Investments on the Rise* (Frankfurt: Deutsche Bank, 2007).

Lyons, Gerard, *State Capitalism: The Rise of Sovereign Wealth Funds* (U.K.: Standard Chartered Bank, 2007).

Stewart, David W., *Secondary Research: Information Sources and Methods* (Newbury Park: Sage Publications, 1993).

二、學術期刊論文及書籍專章

Aizenman, Joshua and Reuven Glick, "Sovereign Wealth Funds: Stumbling Blocks or Stepping Stones to Financial Globalization?", *FRBSF Economic Letter*, 2007-38 (December 2007), pp.1-3.

Cree, Alex, "Managing China's Sovereign Wealth Fund Development: An American Strategy for Setting Rules and Norms", *The Journal of International Policy Solutions*, Vol.9 (Spring 2008), pp.27-32.

Das, Dilip K., "Sovereign-Wealth Funds: Assuaging the Exaggerated Anguish about the New Global Financial Players", *Global Economy Journal*, Vol.8, Iss.4 (October 2008), pp.1-15.

Elson, Anthony, "Sovereign Wealth Funds and the International Monetary System", *The Whitehead Journal of Diplomacy and International Relations*, Vol.IX, No.2 (Summer/Fall 2008), pp.71-82.

Epstein, Richard A. and Amanda M. Rose, "The Regulation of Sovereign Wealth Funds: The Virtues of Going Slow", *The University of Chicago Law Review*, Vol.76 (Winter 2009), pp.111-134.

Gilson, Ronald J. and Curtis J.Milhaupt, "Sovereign Wealth Funds and Corporate Governance: A Minimalist Response to the New Mercantilism", *Stanford Law Review*, Vol.60, No.5 (March 2008), pp.1345-1369.

Haass, Richard N. and Meghan L. O'Sullivan, "Conclusion", in Richard N. Haass and Meghan L. O'Sullivan eds., *Honey and Vinegar: Incentives, Sanctions and Foreign Policy* (Washington, D.C.: Brookings Institution Press, 2000), pp.162-176.

Keenan, Patrick J., "Sovereign Wealth Fund and Social Arrears: Should Debts to Citizen be Treated Differently than Debts to Other Cretitors?", *Virginia Journal of International Law*, Vol.49, No.2 (June 2009), pp.432-472.

Kimmitt, Robert M., "Public Footprints in Private Markets: Sovereign Wealth Funds and the World Economy", *Foreign Affairs*, January/February 2008 (February 2008), pp.119-130.

Mattoo, Aaditya and Arvind Subramanian, "Currency Undervaluation and Sovereign Wealth Funds: A New Role for the World Trade Organization", *Policy Research Working Paper of World Bank*, No.4888 (July 2008), pp1-28.

Suettinger, Robert Lee, "The United States and China: Tough Engagement", in Richard N. Haass and Meghan L.O'Sullivan eds., Honey and Vinegar: Incentives, *Sanctions and Foreign Policy* (Washington, D.C.: Brookings Institution Press, 2000), pp.12-32.

Suzuki, Takamoto, "The Launch of China's Sovereign Wealth Fund~ Long-term Implications Upon the Global Monetary Regime and Economic Order", *Mizuho Research Paper*, No.16 (January 2008), pp.1-25.

Truman, Edwin M., "Sovereign Wealth Funds: The Need for Greater Transparency and Accountability", *Policy Briefs of Peterson Institute for International Economics*, No.07-6 (August 2007), pp.1-9.

Wu, Friedrich and Arifin Seah, "Would China's Sovereign Wealth Fund Be a Menace to the USA?", *China & World Economy*, Vol.16, No.4 (2008), pp.33-47.

三、研討會論文

Hildebrand, Philipp M., "The Challenge of Sovereign Wealth Funds", Lecture at International Center for Monetary and Banking Studies (Geneva: International Center for Monetary and Banking Studies, 18 December 2007), pp.1-17.

Truman, Edwin M., "The Management of China's International Reserves: China and a Sovereign Wealth Fund Scoreboard", presented for Conference on China's Exchange Rate Policy (Washington, D.C.: Peterson Institute for International Economics, 19 October 2007), pp.1-34.

中國投資有限責任公司章程（摘要）

中国投资有限责任公司（以下简称"公司"）是依照《中华人民共和国公司法》（以下简称《公司法》）设立的从事外汇资金投资管理业务的国有独资公司。

公司按照依法合规、有偿使用、提高效益、有效监管的原则，实行自主经营，商业化运作，以其全部法人财产独立承担民事责任。

公司的经营宗旨是积极稳健经营，在可接受的风险范围内，努力实现股东权益最大化，同时不断完善其控股的国有重点金融机构公司治理。

公司中文名称：中国投资有限责任公司。英文名称：China Investment Corporation；英文缩写：CIC。

公司注册资本为15500亿元人民币（2000亿美元）。

公司的经营范围：境内外币债券等外币类金融产品投资；境外债券、股票、基金、衍生金融工具等金融产品投资；境内外股权投资；对外委托投资；委托金融机构进行贷款；外汇资产受托管理；发起设立股权投资基金及基金管理公司；国家有关部门批准的其他业务。

公司主要通过子公司中央汇金投资有限责任公司（以下简称"中央汇金"）参股境内金融机构。

公司原则上不主动参股境内非金融企业，但购买境外上市股票、被动持股或经国家有关部门批准的除外。

公司根据自身业务特点建立健全投资决策机制、内部控制制度和风险监控机制，防范经营风险，确保公司依法、合规、稳健经营。

公司设董事会，董事会是公司权力机构，依法行使《公司法》规定的有限责任公司董事会的职权。

公司董事会由十一名董事组成，包括三名执行董事，五名非执行董事，两名独立董事和一名职工董事。

执行董事指在公司同时担任高级管理职务的董事。

非执行董事指不在公司担任除董事外其他职务的非独立董事。发展改革委、财政部、商务部、人民银行和外汇局各提名一位部门负责人作为非执行董事人选。

独立董事是指不在公司担任除董事外的其他职务，并与公司不存在可能影响其进行独立客观判断关系的董事。

职工代表出任的董事人选由职工代表大会通过选举产生。

董事任免须报国务院批准。董事会设董事长一人，可设副董事长一人。董事长和副董事长由国务院指定。

董事长是公司的法定代表人。

董事长可兼任总经理。

监事会由五名监事组成，其中职工代表监事不少于三分之一。职工代表监事人选由职工代表大会选举产生。

监事会设监事长一名，由国务院从监事会成员中指定。

公司设总经理一名，副总经理、总经理助理若干名，副总经理、总经理助理协助总经理工作。根据需要，总经理可决定设置高级专业管理职位，包括但不限于首席投资官、首席财务官、首席风险官等。

中央汇金作为公司的全资子公司，根据国家金融体制改革的需要，从事国有重点金融机构股权投资，不开展其他任何商业性活动，不干预其控股的国有重点金融企业的日常经营活动。

　　中央汇金以其出资额为限代表国家依法对中国工商银行、中国银行和中国建设银行等国有重点金融企业行使出资人权利和履行出资人义务，体现国家在大型金融机构的控股地位，实现国有金融资产保值增值。

　　中央汇金依法制定公司章程，并根据公司章程任免董事、监事，聘任或解聘高级管理人员。

　　公司直接投资的企业与中央汇金持股的中国工商银行、中国银行、中国建设银行等国有重点金融企业进行的任何交易应当符合境内外相关监管机构的有关要求。交易应当遵循平等、自愿、等价、有偿的商业原则，交易价格原则上应不偏离对市场独立第三方的价格或收费标准。

　　公司董事会负责对本章程进行解释。

中國投資有限責任公司國際諮詢委員會章程

（二〇〇九年七月五日）

第 一 章　總　則

第 一 条　中国投资有限责任公司（以下简称"公司"）设立国际咨询委员会（以下简称"委员会"）。

第 二 条　委员会是由具备国际声望与地位的专家组成的内部咨询机构。委员应公司邀请，协助公司增进对全球经济形势的了解，为公司制订整体战略与政策（包括海外投资战略、政策与程序方面）提供咨询。委员会的职能和相关讨论均属咨询性质，并不构成公司的任何决策。除非有公司明确授权，委员的观点不代表公司观点。

第 二 章　使命和宗旨

第 三 条　委员会的使命和宗旨包括：

(一) 就公司制定和规划整体发展战略提供咨询；

(二) 就制定境外议投资战略向公司提供咨询；

(三) 加深公司对国际政治经济相关问题、国际金融市场状况、国际投资流动情况的了解，增强没通。

第 三 章　组织

第 四 条　委员会由公司发起组建，由公关外事部具体承办。

第 五 条　委员会由接受公司聘请的、具备国际声望与地位的专
家（包括学者、企业家、前政府官员或监管机构官员
等）组成。

第 六 条　委员会由公司董事长兼首席执行官主持召开。

第 七 条　委员会的办事机构为委员会秘书处，设在公司公关外
事部；秘书处设秘书长一名，由公关外事部总监担
任。秘书处的主要职责如下：

(一) 作为委员会的办事机构，负责安排会议，准备会
议议程、材料，记录会议内容、组织接待以及其
它与会议有关的工作；

(二) 在召开会议两个月前，负责将会议通知、议程等
相关材料送达参会委员（或委员指定人员）；

(三) 保持与各位委员的日常联络。

第 八 条　委员会的委员依照以下程序聘任：

(一) 由公司公关外事部就候选人征询各方意见后，向
公司高管提供甄选过的、愿意出任委员会委员的
人员名单；

(二) 由公司高管审阅并选定委员。

第 九 条　委员会的委员实行聘任制，任期两年，可连任。委员
在任期内如有下列情形之一的，公司将停止聘任：

(一) 本人书面提出辞职；

(二) 任期内因健康原因无法继续担任委员；

(三) 无法遵守本章程的规定，如在任期内出现利益冲
突的情况；

(四) 在无合理原因的情况下缺席会议，或连续两次缺席会议；

(五) 未能尽职履行职责，或违反诚信原则；

(六) 公司认为不再适宜担任委员的其他情形。

第 十 条　委员会每年召开一次会议，会期一般为两天。在必要时，委员会也可应公司要求举行临时会议。

第 十一 条　委员会年会议程经征求各位委员意见后由公司最终确定。

第 四 章　委员的权利与义务

第 十二 条　委员应定期参加年会，并就列入会议议程的议题提出意见和建议。委员如因特殊情况不能出席年会，应提前书面告知委员会秘书处。

第 十三 条　委员应就第三条中所列问题为公司提供建议。

第 十四 条　委员可不定期接受公司的个别咨询，提供相应咨询意见。

第 十五 条　委员应及时向公司告知存在利益冲突的情况。

第 十六 条　委员有权通过秘书处了解履行职责所需的公司内部的非公开信息，包括公司整体战略、以及公司认为适合提供给委员的其他决策和书面材料。

第 十七 条　委员不从公司获得薪酬，但在参加年会或其它相关会议期间，公司将报销食宿、交通等相关费用。

第 十八 条　委员可能被邀请出席公司组织的与年会相关的活动，公司将提供相关便利条件。

第 十九 条　委员对年会等会议内容承担保密责任，除非经公司特别讨论并许可方可披露。未经公司授权，委员不得向任何第三方披露公司的任何非公开信息。

第 二十 条　委员未经公司明确授权不应以公司的名义或以公司
　　　　　　代表的身份行事。

第二十一条　委员应遵守最高的道德标准。

第二十二条　委员仅可为履行职责的目的使用公司的非公开信
　　　　　　息。除此之外，不应为其它任何目的使用公司的非公
　　　　　　开信息，包括但不限于利用从公司得到的非公开信息
　　　　　　为本人或任何第三方谋取利益、利用非公开信息为机
　　　　　　构或个人提供有关证券买卖的咨询等。

第 五 章　附　　则

第二十三条　本章程经委员会第一次会议讨论通过后即生效。

第二十四条　本章程的修改方案由委员或秘书处提出。公司保留在
　　　　　　必要时解释和修改本章程的权利。

國家圖書館出版品預行編目

中國大陸主權財富基金發展的政治經濟分析 /
　范世平著. -- 一版. -- 臺北市：秀威資訊
科技, 2010.03
　　面；　　公分. -- (社會科學類；AF0134)
BOD 版
參考書目：面
ISBN 978-986-221-418-3 (平裝)

1. 公共財務管理　2. 基金管理　3. 投資公司
4. 互賴理論　5. 政治經濟分析　6. 中國

564.12　　　　　　　　　　　　　　99003077

 社會科學類　AF0134

中國大陸主權財富基金發展
的政治經濟分析

作　　者 / 范世平
發 行 人 / 宋政坤
執行編輯 / 黃姣潔
圖文排版 / 鄭維心
封面設計 / 陳佩蓉
數位轉譯 / 徐真玉　沈裕閔
圖書銷售 / 林怡君
法律顧問 / 毛國樑　律師
出版印製 / 秀威資訊科技股份有限公司
　　　　　 台北市內湖區瑞光路 583 巷 25 號 1 樓
　　　　　 電話：02-2657-9211　　　傳真：02-2657-9106
　　　　　 E-mail：service@showwe.com.tw
經 銷 商 / 紅螞蟻圖書有限公司
　　　　　 台北市內湖區舊宗路二段 121 巷 28、32 號 4 樓
　　　　　 電話：02-2795-3656　　　傳真：02-2795-4100
　　　　　 http://www.e-redant.com

2010 年 3 月 BOD 一版
定價：230 元

讀 者 回 函 卡

感謝您購買本書，為提升服務品質，煩請填寫以下問卷，收到您的寶貴意見後，我們會仔細收藏記錄並回贈紀念品，謝謝！

1.您購買的書名：_____

2.您從何得知本書的消息？

　　□網路書店　　□部落格　　□資料庫搜尋　　□書訊　　□電子報　　□書店

　　□平面媒體　　□ 朋友推薦　　□網站推薦 □其他_____

3.您對本書的評價：(請填代號　1.非常滿意 2.滿意 3.尚可 4.再改進)

　　封面設計____　版面編排____　　內容____　　文/譯筆____　　價格____

4.讀完書後您覺得：

　　□很有收獲　　□有收獲　　□收獲不多　　□沒收獲

5.您會推薦本書給朋友嗎？

　　□會　　□不會，為什麼？_____

6.其他寶貴的意見：_____

　　_____

　　_____

　　_____

讀者基本資料

姓名：_____　年齡：_____　性別：□女 □男

聯絡電話：_____　E-mail：_____

地址：_____

學歷：□高中(含)以下　　□高中　　□專科學校　　□大學

　　　□研究所(含)以上 □其他_____

職業：□製造業 □金融業 □資訊業 □軍警 □傳播業 □自由業

　　　□服務業 □公務員 □教職　□學生 □其他_____

秀威與 BOD

BOD（Books On Demand）是數位出版的大趨勢，秀威資訊率先運用 POD 數位印刷設備來生產書籍，並提供作者全程數位出版服務，致使書籍產銷零庫存，知識傳承不絕版，目前已開闢以下書系：

一、BOD 學術著作—專業論述的閱讀延伸
二、BOD 個人著作—分享生命的心路歷程
三、BOD 旅遊著作—個人深度旅遊文學創作
四、BOD 大陸學者—大陸專業學者學術出版
五、POD 獨家經銷—數位產製的代發行書籍

BOD 秀威網路書店：www.showwe.com.tw
政府出版品網路書店：www.govbooks.com.tw

永不絕版的故事・自己寫・永不休止的音符・自己唱